Cantos al encuentro | *Cantos to Encounters*

Antología bilingüe de Luis Alberto Ambroggio

"Representante destacado en la vanguardia de la poesía hispano-americana en los Estados Unidos."

(*Revista de Poesía* de la Casa de América).

"...El temperamento poético de Ambroggio, una urgencia de voz –ya sea al dirigirse a lo que el poeta sabe que es real o planteando un interrogante sobre lo que siente ser incierto... Su voz es sabia y filosófica. Posee una cadencia inimitable, un buen sentido fuera de lo común y una profundidad latente, porque hay fuego en el azul de Ambroggio, un erotismo telúrico en su registro lírico. *"Ambroggio's oneiric world and physical reality meet somewhere in the heights of the atmosphere—that eternal "azul" (blue) that Rubén Darío so lovingly celebrated. Blueness (a shading, a variant of light, a tone) is evident in Ambroggio's poetic temperament. An urgency of voice—whether addressing what the poet knows to be real or questioning that which he feels is uncertain... It owns an inimitable cadence, uncommon good sense, and a smoldering depth—for there is fire in Ambroggio's blueness, an earthy eroticism in his lyric register."*

(Oscar Hijuelos, Premio Pulitzer).

"Luis Alberto Ambroggio es un poeta con visión y lenguaje contemporáneos que ha hundido los ojos, las manos, las palabras, en la entraña misma de la vida. Los suyos son versos rigurosos y exactos (donde hay rigor y exactitud no cabe la mediocridad); versos que implican una percepción aguda del presente momento histórico... Un poeta con todas las letras. Y con letras mayúsculas."

(Antonio Requeni, Academia Argentina de Letras).

"...a caballo entre Borges y Whitman."

(Dr. Enrique Baltanás, Universidad de Sevilla).

"An outstanding representative of the avant-garde of Latin American poetry in the United States."
(*Revista de Poesía* de la Casa de América).

"...Ambroggio poetic temperament, the urgency in his voice –whether he is addressing what the poet knows to be real or raising questions about what he feels to be uncertain...His voice is wise and philosophical. He possesses an inimitable cadence, a good sense out of the ordinary, and an unrealized depth, because there is fire in Ambroggio's blue, a telluric eroticism in his lyrical register." *"Ambroggio's oneiric world and physical reality meet somewhere in the heights of the atmosphere—that eternal "azul" (blue) that Rubén Darío so lovingly celebrated. Blueness (a shading, a variant of light, a tone) is evident in Ambroggio's poetic temperament. An urgency of voice—whether addressing what the poet knows to be real or questioning that which he feels is uncertain... It owns an inimitable cadence, uncommon good sense, and a smoldering depth—for there is fire in Ambroggio's blueness, an earthy eroticism in his lyric register."*
(Oscar Hijuelos, Premio Pulitzer).

"Luis Alberto Ambroggio is a poet with a contemporary vision and language, who has sunk his eyes, his hands, his words, in the very essence of life. His verses are rigorous and precise (where there is rigor and precision, there is no room for mediocrity); his verses imply an acute perception of the historical present moment... He is every inch a poet."
(Antonio Requeni, Academia Argentina de Letras).

"...between Borges and Whitman."
(Dr. Enrique Baltanás, Universidad de Sevilla).

"Luis Alberto Ambroggio... explora con gran maestría la naturaleza transitoria de las cosas —el hotel que nos borra de la memoria en cuanto salimos de él; la sombra del "yo"; la mutabilidad de la humanidad. Líricos e instructivos, sus poemas nos presentan un mundo que se ve dominado por los sueños, la pasión, los espejos, las leyendas y las mitologías. Todas juntas, sus poderosas lecciones sirven como agentes de cambio".
(Carolyn Kreiter-Foronda, Poeta Laureada de Virginia).

"Poeta valioso."
(Dr. Odón Bentanzos Palacios, Presidente de la Academia Norteamericana De la Lengua Española).

"Literatura de singular atractivo e intelectualidad."
(Dra. Moraima Semprún de Donahue, Howard University, Washington, D.C.).

"Para mí la calidad esencial de la poesía de Luis Alberto Ambroggio es su inmediatez: imágenes vivas que se sienten sin mediación, aunque sabemos que son, desde lo más profundo, productos de arte. Se trata aquí de una mente filosófica que insiste siempre sobre la inmensa primacía del encuentro, lo empírico. Por un lado, la compresión de las imágenes de Ambroggio no es algebraica, ni por otro, mística. La energía poética genera más de un código de equivalentes, y es más perceptible que un frenesí que se toma a dogma de fe. Es como si el poeta pensase en imágenes, en vez de construirlas".
(Robert Pinsky, Poeta Laureado de los Estados Unidos, Boston University).

"Luis Alberto Ambroggio… masterfully explores the transitory nature of things —the hotel that wipes us from memory as soon as we check out; the shadow "self"; the mutability of humankind. Lyrical and instructive, the poems present a world, dominated by dreams, passion, mirrors, legends, and mythologies. Collectively, their powerful lessons serve as agents of change."
(Carolyn Kreiter-Foronda, Poet Laureate of Virginia).

"A valuable poet."
(Dr. Odón Bentanzos Palacios, President of the North American Academy of the Spanish Language).

"A literature with a peculiar appeal and intellectuality."
(Dr. Moraima Semprún de Donahue, Howard University, Washington, D.C.).

"For me the essential quality of Luis Alberto Ambroggio's poetry is immediacy: the vividness of images that feel unmediated, though we know they are, profoundly, the products of art. Here is a philosophical mind that insists always on the unfathomable primacy of encounter, the empirical. Ambroggio's compression of imagery is neither algebraic on one side, nor mystical on the other. The poetic energy is more generative than a code of equivalents, and more distinct than a frenzy taken on faith. It is as though the poet thinks in images, rather than constructing them."
(Robert Pinsky, Poet Laureate of the United States, Boston University).

Cantos al encuentro / Cantos to Encounters
Antología bilingüe
Autor Luis Alberto Ambroggio
Edición de Ana Valverde Osan
Primera edición, 2020 ©
Fotografía de portada de Mario Ramos
Diseño de Portada de Mario Ramos
Diagramación y cuidado editorial de Óscar Estrada
216 páginas, 5.25" x 8"
ISBN-13: 9781942369363
Impreso en Estados Unidos.

Casasola LLC
1619 1st Street NW Apt. C Washington DC 20001

casasolaeditores.com
info@casasolaeditores.com

Cantos al encuentro

Cantos to Encounters

❦

Antología bilingüe de Luis Alberto Ambroggio

Edición de Ana Valverde Osan

ÍNDICE / CONTENTS

POEMAS DE AMOR Y VIDA / POEMS OF LOVING AND LIVING

LOS HABITANTES DEL POETA / THE INHABITANTS OF THE POET

EL TESTIGO SE DESNUDA / THE WITNESS BEARS HIS SOUL

LABERINTOS DE HUMO / LABYRINTHS OF SMOKE

LA DESNUDEZ DEL ASOMBRO / THE NUDITY OF WONDER

LA ARQUEOLOGÍA DEL VIENTO / THE WIND'S ARCHEOLOGY

HOMENAJE AL CAMINO / TRIBUTE TO THE ROAD

TODOS SOMOS WHITMAN / WE ARE ALL WHITMAN

LA ENSEÑANZA DEL GIRO / TEACHING HOW TO SPIN

EL CIRCO DE CADA DÍA / THE DAILY CIRBUS

PROLOGUE

This bilingual anthology, *Cantos to Encounters*, is a selection of the poetic works of Luis Alberto Ambroggio, the highly-respected Argentinian-American poet who currently represents Hispanic writing in the United States. The poems quickly reveal how the encounters related to the poet serve as symbols for numerous topics and people: for war, family, women, mythology, immigrants; and for poets such as Darío, García Lorca, Vallejo, Whitman, and Benedetti, as well as for himself. These poems place their author between the year 1987, when he was starting his poetic journey with some poems from one of his first books, *Poems of Loving and Living*, and the year 2017, with two collections of poems, still unpublished, *Teaching How to Spin* and *The Daily Circus*, and going through many others that were published in between.

From the early age of thirdteen, when he began to write, Ambroggio realized that poetry is not written in a vacuum. Sensing his promise, his mother then encouraged him with the gift of an anthology of César Vallejo's poetry. This turns him into a voracious reader and, from then on, everything he reads is reflected in what he writes. In the first poem of *Cantos to Encounters*, "Foreword," Ambroggio begins his dialogue with some of his favorite poets, with Rubén Darío's "The White Page," from *Profane Prose*; and with Mario Benedetti's "Blank Page," from *Poems of the Soul*. This dialogue is a metaphor for what makes up life and the speaker tells us from the very beginning what his intentions are: "Book of white pages / I would like to give you life / with my words / leaving with you a bit / of my very soul". This will be the trigger with which he confides how

PRÓLOGO

En un principio, estos *Cantos al encuentro* representan una recopilación en esta antología bilingüe de la obra poética de Luis Alberto Ambroggio, el poeta argentino americano que con mayor prestigio representa hoy en día la escritura hispana en Estados Unidos. Pero a medida que nos adentremos en ella, podemos comprobar cómo simbolizan los encuentros del poeta con numerosos temas y personas, tales como son la guerra, la familia, la mujer, la mitología, los inmigrantes, poetas tales como Darío, García Lorca, Vallejo, Whitman y Benedetti, así como consigo mismo. Los poemas escogidos ubican a su autor entre el año 1987, cuando inicia su andadura poética con poemas de uno de sus primeros libros, *Poemas de amor y vida*, y el año 2017, con dos poemarios, inéditos aún, *La enseñanza del giro* y *El circo de cada día*, además de otros poemas publicados dentro de este período.

Desde que tenía trece años, cuando empieza a escribir poesía, Ambroggio se da cuenta de que los textos no existen aisladamente. Su madre, al darse cuenta de esta habilidad, le apoya y le regala una antología de la poesía de César Vallejo. Esto lo convierte en un lector voraz y sus lecturas se ven reflejadas en todo lo que escribe. En el primer poema de *Cantos al encuentro*, "Prefacio", Ambroggio empieza sus diálogos con algunos de sus poetas favoritos, como son Rubén Darío, con "La página blanca", de *Prosas profanas*, así como con Mario Benedetti, con "Página en blanco", de *Poemas del alma*. Estos diálogos son una metáfora para lo que es su escritura y el hablante nos expresa muy pronto cuáles son sus intenciones: "Libro de hojas blancas / te quiero dar vida / con mis palabras / dejándote un poco / de mi propia alma". Esto será el desencadenante con el que nos confía cómo va a usar ese espacio desierto que es la página en blanco, o sea, como un lienzo en el que va a pintar,

he is going to use that barren space that is the blank page, the canvas on which he is going to paint with his verses his deepest feelings and the vision of his poetic universe. Above all, he will share with us his preoccupations about his poetics. The love of Ambroggio for poetry is such that he identifies the word with a lover; he describes in "The Inhabitants of the Poet," how "He is consumed by the fatal aroma of his lover, / the word." With the entire list of objects, places, and people that accompany him, the poet is not alone; with these he prepares for what is to come. He graduated with a doctorate in philosophy, and that grounding persuaded him that philosophy embraced poetry—at least for him. His poems are permeated with subjects and questions that consume him and that he presents as a challenge to his readers.

Selecting poems for inclusion in this anthology was not an easy task, not so much for however complicated it may seem. It was difficult to exclude poems that illustrated successfully his works and that his readers know well. Ambroggio has published fifteen books of poetry, as well as three anthologies, and, from these, I decided to include poems that have been well-received, such as "Narcoprayer," or "U.S. Landscapes". I also opted to include new poems, such as those that appear in two of his more recent books, *We Are All Whitman* and *Tribute to the Road*, as well as in two of his latest books that have not yet been published but which will be soon: *Teaching How to Spin* and *The Daily Circus*, which will be compiled into one, under the title *Posthumous Beginnings*. What I have tried to do has been to familiarize readers with Ambroggio with such poems as "Father," and to introduce them to this poet as a generous, practical, and realistic human being, who does not hesitate to demonstrate and to teach us, by means of his poetry, the plurality of daily experiences.

con sus versos, sus más profundos sentimientos y la visión de su universo poético. Sobre todo, abrirá las puertas para darnos a conocer cuáles son las preocupaciones por su poética. El amor de Ambroggio por la poesía es tal que identifica a la palabra con la amada y, como declara en el poema "Los habitantes del poeta", dice "Lo consume el aroma fatal de su amada, / la palabra". Con toda la lista de objetos, lugares y personas que lo acompañan, el poeta no está solo y con ello practica el arte de la preparación para aquello que está por venir. Siendo joven, se gradúa con un doctorado en filosofía y considera la poesía como un género que se ve acogido dentro del seno de esta materia, para él vital. A través del texto, encontraremos preguntas relacionadas con los temas anteriormente mencionados que se hace el autor y que él mismo nos presenta para hacernos reflexionar y participar en su posible contestación.

El seleccionar poemas para incluir en esta antología no fue tarea fácil, por el hecho de no poder dejar de lado poemas que han ilustrado con gran éxito la obra de Ambroggio y que sus lectores conocen bien. Ambroggio ha publicado quince libros de poesía, así como tres antologías y es por eso que decidí incluir poemas que han tenido gran acogida, tales como son "Narcoplegaria" o "Paisajes de USA". Pero, además, he optado por dar a conocer poemas nuevos de libros más recientes, *Todos somos Whitman* y *Homenaje al camino*, así como los de sus dos últimos libros que serán publicados próximamente, *La enseñanza del giro* y *El circo de cada día*, que van a quedar recopilados en uno solo, bajo el título de *Principios póstumos*. Pero, esencialmente, lo que he tratado de hacer ha sido de presentar Ambroggio al lector con poemas tales como "Padre", para darle a conocer a este poeta —ser generoso, práctico y realista— que no duda en demostrar y enseñarnos, por medio de su poesía, la pluralidad de experiencias con las que nos podemos enfrentar en la vida de todos los días.

When speaking about Ambroggio's poetry, Robert Pinsky, poet laureate of the United States (1997-2000), affirms that, for him, the essential quality of his poetry is its immediacy, "living images that are felt without mediation". This is a very accurate and effective observation that will help us to read his poems and a lyric like "Condolence Payments" provides us with immediate, strong images that transport us directly to the place of conflict. They wake us up from our lethargy and self-absorption; they are so powerful that they jar us and make us realize our own insensibility. The costs of war and its atrocities is one of the most important ones that Ambroggio paints. In this poem, by means of a resolute, categorical "I", he makes us see the horrors of the war in the Middle East. The most significant thing – and perhaps the most surprising – is the tone of remorse expressed by the soldier who is narrating "Condolence Payments." This presents us with a double view, because war hurts not only those who suffer from it, but also those who undertake it. Similarly, it is necessary to present another poem, "Nuclear Poem," which, in the title itself, juxtaposes the backbone of the conflict with poetry. It presents a solid, two-part framework. The speaker's very forceful vocabulary makes clear his humanistic position. He conveys his emotions unambiguously. On the one hand, he yells at us, "I write this madness with rage," and "Numbers also strangle me," to show the waste that takes places with the purchases of armaments; and, on the other, with "I scream with a stone / lodged in my throat" he portrays a channel and a place for the criticism he makes of the countries that he nicknames "the club of destroyers." He emphasizes the melodramatic value in the conflating of the individual and the national identity of the speaker when we perceive in the first four stanzas his pain and

Cuando habla de la poesía de Ambroggio, Robert Pinsky, el poeta laureado de los Estados Unidos (1997-2000), asegura que para él la calidad esencial de dicha poesía es su inmediatez, "imágenes vivas que se sienten sin mediación". Esta es una observación muy acertada y profunda, que nos ayudará a leer los poemas, y algunos tales como "Pagando el pésame", con imágenes fuertes, nos transportan de inmediato al lugar del conflicto. Son poemas que nos despiertan de nuestro letargo y ensimismamiento, nos zarandean levemente y nos hacen percatarnos de nuestra insensibilidad. El tema de la guerra y de sus atrocidades será uno de los más importantes que pinte en sus páginas Ambroggio, así como los gastos asociados con ella. Por medio de un "yo" muy resuelto y tajante, nos hace ver los horrores de la guerra en el Medio Oriente y, sin duda, lo más significativo —y quizás lo más sorprendente en él— sea el tono de remordimiento que expresa el soldado que está hablando. Esto nos presenta un doble cariz, porque la guerra daña no solo a los que la padecen, sino también a aquellos que la emprenden. De igual manera, otro poema que es necesario señalar es "Poema nuclear", porque en él se ve vertebrado muy estrechamente el conflicto junto con la poesía si consideramos el título. Presenta una armazón sólida y bipartita, y por medio de un vocabulario sumamente fuerte, el hablante nos indica claramente cuál es su posición frente al tema que tiene entre manos y, de este modo, comprobamos que se expresa de una manera rotunda al expresar sus emociones. Por un lado, nos grita, "Escribo esta locura con rabia", "También los números me estrangulan", para señalar el despilfarro que tiene lugar en las compras de armamento; y, por otro, "Grito con una piedra / oprimida en la garganta" para dar cauce y lugar a la critica que hace de los países que apoda "el club de destructores". Destaca el valor melodramático en la configuración de la identidad individual y nacional del hablante de este poema cuando percibimos en las

inability to act in the face of what is taking place. He contrasts this misery with the next six stanzas in which he presents an energetic proposition of peace concluding: "PEACE! we ask… because we want to breathe it." Peace is as crucial as the oxygen needed to live.

This is not the only poem he writes challenging the decisions of those who are in power. As he affirms, he is ready to gamble with everything, "including the Academy / which he uses outrageously." Ambroggio vigorously engages the outrages that he feels. He is particularly disposed to confront those who try to step on his mother language – Spanish—for he asserts that it is what identifies him as a human being:

If I speak another language
and use different words
to express the same feelings
I don't know whether in fact
I will keep on being
the same person.

Language will be the thread that runs throughout important topics such as immigration. It reveals the relationship between the poet and the volatility of time, the rest of humanity, and the surrounding universe. Despite identifying with his country of birth, as he announces in the poem "Give Me Bread Argentina," he makes the same connection with his country of adoption, the United States. In "U.S. Landscapes," it is possible for us to visualize, from the title of the poem itself, what his position is regarding language. Although it is clear we know the country of which he is speaking, in the lines,

cuatro primeras estrofas su dolor e incapacidad de actuar frente a lo que está ocurriendo.

Contrarresta lo que acaba de anunciar con las siguientes seis últimas estrofas en las que nos presenta una propuesta enérgica de paz en la que el verso final sin más preámbulos reza: "¡PAZ! pedimos...porque queremos respirarla", o sea, que esta paz es tan imprescindible como el oxígeno que nos hace falta para vivir.

No será este el único poema que Ambroggio escriba para desafiar y poner en tela de juicio las decisiones de aquellos que están en los niveles más altos del poder. Según afirma, él está dispuesto a jugar con todo, "inclusive con la Academia / que utiliza de una forma desaforada". Y aquí entramos en el terreno de la lengua porque, sobre todo, con quien más está dispuesto a enfrentarse es con aquellos que tratan de degradar su lengua materna —el español— pues asevera que es lo que le identifica como ser humano:

Si hablo otro lenguaje
y uso palabras distintas
para expresar los mismos sentimientos
no sé si de hecho
seguiré siendo
la misma persona.

La lengua será pues el hilo conductor alrededor del cual se vertebren temas tan importantes como son la inmigración y en él podremos observar la relación del poeta con la volatilidad del tiempo, los demás seres humanos y el universo mismo. A pesar de identificarse con su tierra natal, tal y como lo podemos comprobar en el poema "Dame el pan Argentina", también lo hace con su país de adopción, los Estados Unidos. En poemas tales como "Paisajes de USA", nos es posible visualizar, desde el

such a word does not appear in the text. Rather, from a "brick" to a "factory," different aspects related to the language blossom throughout. Here Ambroggio offers us an opinion that is full of conviction: "if each furrow of this country could speak, / they would speak Spanish." As readers, the speaker seems to carry us hand in hand and make us focus on what is most important, that is, on those people, those Hispanics, "Gonzalez, García, / Sánchez, José, Rodríguez o Peña", on whose backs and sweat this country has grown and prospered. It seems to indicate to us that these contributions have not been appreciated as they deserve. It is only in the final stanza that we can discern a ray of optimism when, mentioning that "they cannot speak" in the last two lines, he states bravely, "that for now they keep silent... / or perhaps not anymore." This would seem to point toward new directions and better possibilities.

In another poem, "The Eagle and the Illegal Shoes," something similar takes place, with the pressure increasing on its subjects. Again, we know very early what he is trying to imply. Although this time the speaker chooses not to identify the country to which he is referring, the simple mention of the Eagle, with a capital e, the bird par excellence for which the Great Seal of the United States is known, draws our attention. And just to the side of the bird, the illegal immigrants. We are here in front of a poem with thirteen magnificently structured stanzas which is framed by eleven soul-searching questions. Clearly, they are issues that initially seem difficult, but that, if we probe our own hearts, we will be able to deal with. The speaker does not mince his words, boldly beginning: "What does the Eagle have to do / with shoes?" If the Eagle is the metonymy that symbolizes the United States, the shoes will stand in for the role of those who

título mismo del poema, cuál es su posición frente a la lengua. Aunque es obvio que conocemos el país del que está hablando, dentro de los versos, no llega a aparecer tal palabra, sino que, por el contrario, desde un "ladrillo" hasta una "fabrica", florecen diferentes aspectos relacionados con la lengua. Aquí Ambroggio nos ofrece una opinión que está repleta de convicciones al máximo: "si cada surco de este país hablara, / hablarían en español". Como lectores, el hablante parece llevarnos de la mano y nos hace enfocarnos en lo que es más importante, o sea, en aquellas personas, en aquellos hispanos, "Gonzalez, García, / Sánchez, José, Rodríguez o Peña", sobre cuyas espaldas y sudor, ha crecido y ha prosperado este país. Parece indicarnos que estas aportaciones no han sido lo debidamente apreciadas y es tan solo en la última estrofa cuando nos hace vislumbrar un rayo de optimismo cuando, al mencionar que "no pueden hablar", en los dos últimos versos, expresa airosamente, "que por ahora callan / o quizás ya no", ofreciéndonos así un cambio que apunta hacia nuevas direcciones y posibilidades.

En otro poema, "El Águila y los zapatos ilegales", ocurre algo similar y aquí Ambroggio eleva el nivel de presión hacia aquellos a quienes se dirige. Una vez más, sabemos muy pronto de qué va a tratar. Aunque esta vez el hablante opta por eludir el nombre del país al que se está refiriendo, la simple mención del Águila, con a mayúscula, el ave por excelencia por la cual se conoce por ser el Gran Sello de los Estados Unidos nos llama la atención. Y justo al lado del ave, los inmigrantes ilegales. Estamos pues aquí frente a un poema de trece estrofas que se nos presenta magníficamente estructurado, enmarcado por un total de 11 preguntas que nos hacen cavilar. Sin duda, son preguntas que, en un principio, parecen difíciles de contestar, pero que, últimamente, si hacemos examen de conciencia, sabemos cuál es la verdadera respuesta a todas ellas. El hablante no tiene pelos en la lengua y nos hace una primera pregunta sumamente

are without papers. The vocabulary associated with this bird of prey is rough and almost cruel, described by such terms as: "strangle," "shred," "claws," "ignore," and "to put a fence around the poor." The goal is to make the most out of the injustices to which those "illegal shoes," these "naked feet / inheritors of the earth," have been subjected. Likewise, when the topic of the illegal ones appears, the language necessarily takes on color. In the poem "An Illegal in Washington, D.C.?", Ambroggio presents us with a scene that, according to the speaker, reflects "a century and more of such a story," a story that has been a part of Hispanic-American society. With trenchant humor, the speaker tells us of an incident in which he had a contract with a worker to fix a leak in the roof of his house. The worker's dialogue highlights *Spanglish* words, to the great consternation of the master of the house. The comic aspect of the situation sadly observes what has been happening: "the sly assassination / of our beautiful language."

The language of his poetry is especially central to the personal universe of Ambroggio and how he portrays it. He stresses how he converses in a brotherly way with other poets: Bécquer, Darío, Whitman, Machado, Vallejo, Storni, Pizarnik, García Lorca, Juan Ramón Jiménez, Huidobro and Benedetti. In "Otherness," by including himself with them, he bares his soul to us, his readers. In this poem with introspective intensity, he describes himself, and it is as if he were looking with a magnifying glass in front of a mirror, with great honesty, as if he were examining another person facing him. Always speaking of himself in the third person, he calls himself by name on three occasions— in the first line and two other times near the end—in which the two persons constituting him are evident: "the wandering

audaz: "¿Qué tiene que ver el Águila / con los zapatos?". Si el Águila es la metonimia que simboliza a los Estados Unidos, los zapatos surtirán el mismo efecto para desempeñar el papel de las personas que son ilegales. El vocabulario asociado con esta ave de rapiña es áspero y casi cruel y vale la pena mencionar algunas de estas palabras, tales como son, "estrangularlos", "despedazar", "garras", "ignorar", y "alambrar al pobre". El hecho es hacer resaltar al máximo las injusticias bajo las que se ven sometidos estos "zapatos ilegales", estos "pies desnudos / herederos de la tierra". Asimismo, cuando aparece el tema de los inmigrantes ilegales, es ineludible que surja el de la lengua, y en el poema "¿Ilegal en Washington, D.C.?", Ambroggio nos presenta una escena que, según el hablante, ha ocurrido "a un siglo y más de tal relato", señal de su perpetua presencia en la sociedad hispanounidense. Con gran sentido del humor, el hablante nos relata un incidente en el que ha tenido que contratar a un trabajador para que le arregle una gotera que hay en el techo de su casa. El diálogo se ve abarrotado, por parte del trabajador, de palabras en *espanglish*, frente a la gran consternación del dueño de la casa, quien, dentro de lo cómico de la situación reflexiona con filosofía y cierta tristeza sobre lo que le acaba de ocurrir, al presenciar "el asesinato solapado / de nuestro idioma hermoso".

Y siempre hablando de la lengua es imprescindible hacerlo sobre la poesía, que como ya he mencionado anteriormente, puede ser considerada como el universo personal de Ambroggio. Entre otros, menciona a poetas consagrados tales como son Bécquer, Darío, Whitman, Machado, Vallejo, Storni, Pizarnik, García Lorca, Juan Ramón Jiménez, Huidobro y Benedetti, y con ellos entabla un diálogo fraternal; y en el poema "Otredad", al incluirse a sí mismo entre ellos, desnuda su alma frente a nosotros sus lectores. En este poema, de alta carga filosófica, se describe a sí mismo, con gran honestidad, como si estuviese examinando a ese otro que tiene frente a él. Siempre hablando

man / in the strange text of life / recently read." It is as if, through sleight of hand, he was changed into the very text. Walt Whitman, however, is the poet with whom Ambroggio's dialogue seems to run deepest, with whom he most closely identifies. In carrying out the assignment at the University of Iowa to translate the 104 essays over the 52 sections of *Song of Myself*, Ambroggio rediscovers Whitman, seems to be possessed by him, and experiences a form of epiphany by discovering in these works the great admiration that this poet has for "the Spanish character." And it is at this point in Ambroggio's book about Whitman, where the line "We are all Whitman" surfaces. Poetry continues to appear as the lover in his verses and this is apparent in the poem "Ars Poetica," where he talks to her in the second person, encourages her with proposals deeply rooted in images of nature: "Drink my rain" and "moisten my flight", so as to put in this way the finishing touch in the last line: "You know, love, that I have yet to write my best lines." However, as noted in another poem, he simultaneously remains, a "Unilateral Poet." His sole *raison d'être* is poetry; he states clearly that "He will not abandon poetry, / even if poetry abandons him."

Although it stretches the limits of this introduction, I would like to approach an extremely important topic that I do not believe has been given sufficient attention by the scholars of the works of Ambroggio: the place of women in his writings. In the poems of this anthology, he draws women from across the social spectrum. Ambroggio reaches into myth for Penelope, Dryope, Athena, Circe, Lilith, and Lady Godiva; he also draws on Goya's Maja, Camille Claudel, or his own wife. It is simply moving to see how he narrates the story of Lady Godiva, contrasting her

de sí mismo en tercera persona. Se llama por su nombre en tres ocasiones —en el primer verso y otras dos veces casi al final— en las que queda puesto de manifiesto estas dos personas que configuran quién es él y, en los versos: "que es el hombre errante / en el extraño texto de la vida, recién leído", es como si, por arte de prestidigitación, quedase convertido en el texto mismo. En cuanto a los diálogos que emprende con los demás poetas, es Whitman sobre todo con quien mejor se identifica y se hermana. Al llevar a cabo el encargo que le hace la Universidad de Iowa de que traduzca los 104 ensayos sobre las 52 secciones del *Canto de mí mismo*, Ambroggio vuelve a descubrir a Whitman, se ve poseído por él y experimenta una especie de epifanía al descubrir en estas obras la gran admiración que este poeta tiene por "el carácter hispano". Y es aquí donde aflora el verso "Todos somos Whitman" en el libro. Y la poesía siempre sigue apareciendo como la persona amada en sus versos y esto es aparente en el poema "Ars poética" en el que se dirige a ella en segunda persona, animándola con propuestas arraigadas en imágenes de la naturaleza: "Bebe mi lluvia" y "humedece mi vuelo", para así poner el broche final en el último verso: "Sabes amor que escribiré más tarde mis mejores versos". Sin embargo, Ambroggio, tal y como queda reflejado en otro poema es un "Poeta unilateral", y por lo tanto su única *raison d'être* es la poesía. Declara sin ambigüedades que "No abandonará la poesía / aunque la poesía lo abandone."

Aunque es tarea que desborda los límites de esta introducción, desearía acercarme a un tema sumamente importante que no creo haber merecido la suficiente atención por parte de los estudiosos de la obra de Ambroggio, y este sería el de la mujer. En los poemas de esta antología, la podemos percibir en distintas áreas, tal como en la mitología, donde emerge como Penélope, Dríope, Atenas, Circe, Lilith y Lady Godiva, y, en otras, como la Maja de Goya, Camille Claudel o simplemente

conclusion in Tennyson's *Idylls of the King*. Tennyson wrote about her, comparing, at the end of it, the situation of the subjects she has saved from heavy taxes, with ours, in which we are also relentlessly pursued by the "Insatiable powers of the treasury." Here, with a wink, he incorporates a social commentary to note that today nudity does not free us. More recently, in "Camille Claudel," with great sensibility, care, and compassion, Ambroggio reclaims her talent, as well as the sad and unjust life of this brilliant sculptor who was abandoned both by her master and lover, Rodin, and by her own family. He aptly notes, "they say yours were the hands and feet / of *The Doors to Hell*," a work on which she was one of Rodin's principal collaborators. Other important people that he mentions include Lilith, the first woman created by God and Adam's companion, a figure that has been rescued from obscurity by the feminist movement and by the women poets of the 20th century as the image of the new independent woman. In his poem, "Lilith, the Creation," it is gratifying to note how he follows very closely the changes that have emerged to create a paradigm of equality between men and women. She refuses to take the missionary position during their sexual relations: "and, how can you impose yourself / like a liturgical imp / to ride on the sex of Adam, / he, dust, and you up there." In this way, she manages to get rid of the impositions placed on her by a patriarchal culture. The negative stigma that has always existed around Lilith becomes the realization of the image of the new woman who rejects the old representations of previous generations.

This bilingual anthology is composed of a total of forty-seven poems that have been translated by four translators whose styles have been respected in their entirety, except for the poem

como su esposa. Es simplemente entrañable cómo nos relata la historia de Lady Godiva, aludiendo al poema que Tennyson escribe sobre ella en *Los idilios del rey*, equiparando, al final la situación de los súbditos a quien ella ha salvado de duros impuestos, con la nuestra, en la que también nos vemos acosados por los "Poderes insaciables del fisco". Y aquí incorpora un comentario social que es un guiño, al notar que hoy en día la desnudez no libera. En una época más cercana a la nuestra, en "Camille Claudel" Ambroggio reivindica con gran sensibilidad, cariño y compasión, el talento, así como la triste e injusta vida de esta brillante escultora que fue abandonada por su maestro y amante, Rodin, así como por su propia familia. De este modo, señala muy acertadamente, "dicen que son tuyas las manos y los pies / de *Las puertas del Infierno*" ya que ella fue una de las principales colaboradoras en esta obra de Rodin. Otro personaje importante que menciona es el de Lilith, la primera mujer creada por Dios y la compañera de Adán, figura que ha sido rescatada del olvido por los movimientos feministas y por las poetas del siglo XX como la imagen de la nueva mujer emancipada. En su poema, "Lilith, la creación", resulta grato comprobar cómo sigue muy de cerca los cambios que han emergido para crear un paradigma de igualdad entre el hombre y la mujer. Vale la pena mencionar, entre otras cosas, el hecho de que Lilith se niega a asumir la postura misionera a la hora de tener relaciones sexuales con Adán cuando en estos versos aparece lo siguiente: "y ¿Cómo puedes tu imponerte / cual litúrgica diablilla / a cabalgar el sexo de Adán, polvo él y tu arriba". De esta manera consigue deshacerse de la imposición que más tarde haría la cultura patriarcal. El aspecto negativo que siempre ha existido alrededor de Lilith, se convierte en la actualización de la imagen de la nueva mujer que no se identifica con representaciones previas de generaciones anteriores.

Esta antología bilingüe está compuesta por un total

"Narcoprayer." In this poem, when trying to translate the noun *criatura* which, although it is feminine, represents both genders in Spanish, I decided to change the word to a plural to preserve more closely the English version of the final line, just as it appears in the Bible: "and BECAUSE THEIRS IS THE KINGDOM OF HEAVEN". While some of the other translations add extraneous words to the original text, I have retained the original. Since all the poems are in free verse, I have tried, for my part, to follow the text very closely, preserving the content, without worrying about maintaining the hard balance between content and form. And I thank Ambroggio for the faith he has placed in me, for not changing a single word in the poems I have turned in.

Ambroggio chided me that "the anthology must have a title." I settled on *Cantos.* These poems, derived from his life experiences, address issues that preoccupied him—notably his reflections concerning his poetic art. *Cantos* suggested the pervasive, epic spirit. *Cantos* were what Ezra Pound wrote in his heyday and cantos seemed appropriate for Ambroggio's poems as well. Initially, I wanted to title the book *Cantos to the Earth*, but, after speaking with Ambroggio, he convinced me that it would be much better if they were *Cantos to Encounters*, for there are many that take place in this book. I accepted his suggestion, for he was right. Finally, all that is left is to give thanks to a poet who can be reached easily, who is very generous with his time, and who has a great sense of humor and of what is really valuable.

Ana Osan, Indiana University Northwest

de cuarenta y siete poemas que han sido traducidos por cuatro traductores cuyos estilos, con la salvedad del poema "Narcoplegaria", han sido respetados en su totalidad. En este poema, en vez de tratar de versar el género del sustantivo *criatura* que, a pesar de ser del femenino, representa a ambos géneros en español, decidí convertir esta palabra a un plural para que así quedase más próxima del inglés en el último verso, tal y como aparece en la Biblia en dicha lengua: "and BECAUSE THEIRS IS THE KINGDOM OF HEAVEN". Aunque algunas de estas traducciones quedan, algunas veces, algo alejadas del texto original, es algo que he dejado tal cual. Puesto que todos los poemas son en verso libre, yo los he seguido muy de cerca, tratando de guardar el contenido, sin preocuparme por mantener el duro equilibrio entre este y la forma. Y le doy las gracias a Ambroggio por la fe que ha tenido en mí, al tratar de no cambiar nada en ninguno de los poemas que le he entregado.

Ambroggio me advirtió desde un primer momento, "la antología debe tener un título" y título le di. Pensando que estos poemas representaban las experiencias que él había tenido hasta entonces, así como las preocupaciones con su arte poética, la primera palabra que me vino en mente fue *cantos*, por su espíritu épico y totalizador. *Cantos* fueron los que escribiera Ezra Pound en su día y entonces pensé, ¿y por qué no serán cantos estos poemas de Ambroggio también? En un principio, yo quise titular el libro, *Cantos a la tierra*, pero, después de hablar con Ambroggio, me sugirió que sería mucho mejor llamarlo *Cantos al encuentro*, por los muchos que tienen lugar en este libro. Acepté su sugerencia porque estaba en lo cierto. Por último, solo me queda dar las gracias a un poeta que es tan asequible como generoso con su tiempo y que tiene un gran sentido del humor, así como de lo que es valioso en la vida.

Ana Osan, Indiana University Northwest

Poems of Loving and Living (1987)

Poemas de amor y vida (1987)

Foreword

Book of white pages
I would like to give you life
with my words
leaving with you a bit
of my very soul.

Book of white pages
pure and simple
like a tabula rasa
written with the blood
from my honest hand.

Book of white pages
one of the sons
I would create
in my image
and likeness.

Book of white pages
in the black of mourning
because at birth it kills you.
Inert, however,
for he who listens, you speak.

[Translated by Ana Osan]

Prefacio

Libro de hojas blancas
te quiero dar vida
con mis palabras
dejándote un poco
de mi propia alma.

Libro de hojas blancas
puras y simples
como tabla rasa
con sangre escrita
de mi mano franca.

Libro de hojas blancas
uno de los hijos
que yo creara
como a mi imagen
y semejanza.

Libro de hojas blancas
con negro de luto
porque el nacer te mata.
Inerte, sin embargo
para el que oye, hablas.

Communion

Life
to understand me
you must know Spanish
feel it like the blood from your soul.

If I speak another language
and use different words
to express the same feelings
I don't know whether in fact
I will keep on being
the same person

[Translated by Ana Osan]

Comunión

Vida
para entenderme
tienes que saber español
sentirlo la sangre de tu alma.

Si hablo otro lenguaje
y uso palabras distintas
para expresar los mismos sentimientos
no sé si de hecho
seguiré siendo
la misma persona.

Waiting for Aeroperú

Flight 6:30
Bogota-Caracas

Time dies slowly
and with it I keep on dying
in the senseless wait
trying to undertake a flight.

The hours die on time
on a schedule I don't believe.
I count the expensive minutes
like cents and kisses.
But it hurts me to think
that I never recover them
because that way I keep on dying
with the dying of time.

September 8, 1979

[Translated by Ana Osan]

Esperando Aeroperú

Vuelo 6:30
Bogotá-Caracas

El tiempo se muere lento
y con él voy yo muriendo
en la espera sin sentido
tratando de emprender un vuelo.

Las horas se mueren justas
en horarios que no creo.
Cuento los minutos caros
como centavos y besos.
Pero me duele pensar
que jamás los recupero
porque así me voy muriendo
con el morir del tiempo.

8 de septiembre de 1979

Give Me Bread Argentina

Give me bread Argentina
from that wheat that grows in your damp skirt
of a young and fertile mother.

Give me the wine from your grapes.
Give me the passion from that mountain that is your breasts
and the water from your rivers.

Let me grow like the sheaf
under the quiet rain beneath the caring sky
and the sweat of my desire.

Give me bread Argentina
with your hand full, and the one my grandfather gave you
to create our homeland.

Give me the bread Argentina
that eats my hunger and the one from the world we carry inside us
because you have known how to knead it.

Give me life Argentina
with the boisterous joy of those who are born out of sowing
in eternal spring.

Give me bread Argentina
so that your very life does not die in me,
nor the love for your land.

Buenos Aires, August 10, 1983

[Translated by Ana Osan]

Dame el pan Argentina

Dame el pan Argentina
de ese trigo que crece en tu falda húmeda
de madre fecunda y joven.

Dame el vino de tus uvas.
Dame la pasión de esa montaña de tus pechos
y el agua de tus ríos.

Déjame crecer como la espiga
bajo la lluvia mansa del cuidado de tu cielo
y el sudor de mis anhelos.

Dame el pan Argentina
con tu mano llena y la que te dio mi abuelo
para formar la patria.

Dame el pan Argentina
que come mi hambre y el del mundo que llevamos dentro
porque tú has sabido hacerlo.

Dame vida Argentina
con la alegría bulliciosa de quien nace de la siembra
en eterna primavera.

Dame el pan Argentina
para que tu vida misma en mí no muera,
ni el cariño de tu tierra.

Buenos Aires, 10 de agosto de 1983

The Inhabitants of the Poet (1997)

Los habitantes del poeta (1997)

Narcoprayer

(To God, however he may be understood)

GOD, TAKE CARE OF YOUR CHILDREN,
those who blaspheme,
swear, deny you and hurt themselves,

those who rob, kill, lie
and wander in the smoke of their wounds;

those who tremble, inject themselves,
vanish, condemn themselves in dark corners;
those who squander their talents,
who feel like nothing, hangover, shit, empty of smiles.

GOD, TAKE CARE OF YOUR CHILDREN
those perforated skeletons,
those geniuses locked up in the prison of their ruins;

may they open themselves up to love; care for them, God, care for them,
for if you don't, your own suffering will multiply,

and the thieves, the defenseless, the homeless,
the runaways, the dead, the condemned,
the beaten, the lost, the mafias,

the broken families, children without parents, parents without
/children,
brothers without brothers
a desperate choir of tears
will slide down like uncontrollable vomit.

GOD, TAKE CARE OF YOUR CHILDREN
with your cloth of hope,

because if you don't,
they will be unable to do so.

Narcoplegaria
(A Dios como se lo entienda)

DIOS CUIDA TU CRIATURA
ésa que blasfema,
jura, te niega y se lastima,

ésa que roba, mata, miente
y divaga en el humo de su herida;

ésa que tiembla, se inyecta,
se esfuma, se condena en la tétricas esquinas;
ésa que derrocha sus talentos,
se siente nada, resaca, mierda, vacío de sonrisa.

DIOS CUIDA TU CRIATURA
ese esqueleto perforado,
ese genio encarcelado en la cárcel de sus ruinas;

que se abra al amor, cuídala, Dios, cuídala
que de no hacerlo tú, tu calvario mismo se multiplica,

y los ladrones, desamparados, "homeless",
prófugos de todo, muertos, condenados,
impuestos, perdidos, mafias,

familias rotas, hijos sin padres, padres sin hijos,
hermanos sin hermanos
un coro desesperado de lágrimas
como vómito incontrolable se desliza.

DIOS CUIDA TU CRIATURA
para que sus errores no sean tu sentencia de muerte;

GOD, TAKE CARE OF YOUR CHILDREN
so their errors will not be your death sentence;

so that your radiance
may be reflected in them;

so you will not go to jail
or to an emergency room
with a dose of death
or for a violent accident
in which your youth dies.

GOD, TAKE CARE OF YOUR CHILDREN
so they know that you love them.

Do it on the weekends
for, in their pain, they will not sleep when you rest.

Do it in Harlem, Zurich, McLean,
on 14th and U Streets, in the millions of streets
with no lights, hidden corridors without a name,
"demented" cemeteries.

GOD, TAKE CARE OF YOUR CHILDREN
who have sacrificed themselves on the altar of drugs
because you do not accept inhuman sacrifices;

because you have died so they may live
and if you don't do it, a failure will be crucified
on the dark side of your death;

because they are your image and likeness,
and you are not a drug addict;
and BECAUSE THEIRS IS THE KINGDOM OF HEAVEN.

[Translated by Ana Osan]

44

para que tu resplandor
en ella se refleje;

para que no vayas a la cárcel
o a una sala de emergencia
con una dosis de muerte
o por un accidente feroz
en que tu juventud se muere.

DIOS CUIDA TU CRIATURA
para que se sepa que tú la quieres.

Hazlo en los fines de semana
que en tu descanso, en su dolor ella no duerme.

Hazlo en Harlem, Zúrich, McLean,
las calles U y 14, en los millones de calles
sin luz, pasillos escondidos sin nombre,
cementerios "de-mentes".

DIOS CUIDA TU CRIATURA
que se ha inmolado en el altar de la droga
porque tú no aceptas sacrificios inhumanos;

porque tú has muerto para que ella viva
y si no lo haces habrá un fracaso crucificado
al lado oscuro de tu muerte;

porque es tu imagen y semejanza,
y tú no eres drogadicto;
y PORQUE TU REINO LE PERTENECE.

The Inhabitants of the Poet

Aphrodite, her left arm missing
in the British Museum,
irradiates dusty dreams
and accompanies him.

Spirits, muses, deeds with an unknown address,
damp idols,
shadows with calendar tattoos,
shadows gazing with needles of oblivion
never leave the party.
His solitude and defeat are entertained
by a world of conquered heroes.

The poet is not alone.
He prays with Anne Frank's Diary
and the dead are brought back to life.
A place at the other end of the world
disturbs his sleep.
Silence leaves him exhausted, and he shouts deliberate deaths.
During limitless nights,
two lovers fall as one to the grave.

With the community he creates,
the poet listens to Tesalia's sweet flutes.
Beauty tortures him on the bench of judgment.
Assuming the raven's wise topography,
he launches a transparent dance of symbols.
He picks lovers from the white waves
under the timeless round moon,
dying before his death
in memory's ambivalent cemetery.

Los habitantes del poeta

La Afrodita sin brazo izquierdo
del Museo Británico
irradia sueños empolvados
y lo acompaña.

Espíritus, musas, hechos con dirección desconocida,
ídolos húmedos,
sombras con tatuajes de calendario,
sombras que miran con agujas de olvido
jamás se van de la fiesta.
Protagonizan soledad y derrota
un mundo de héroes conquistados.

El poeta no está solo.
Reza el diario de Ana Frank
y resucita muertos.
Un lugar, al otro lado del mundo,
le quita el sueño.
El silencio lo deja exhausto y grita muertes premeditadas.
En un amor dos caen sepultados
durante noches sin límites.

Con la sociedad que el poeta crea,
escucha las dulces flautas de Tesalia.
La belleza lo tortura en el banco del juicio.
Asume la topografía del cuervo
y enciende con símbolos una danza transparente.
Cosecha amantes en la blancura de las olas
en el tiempo redondo de la luna.
Muere antes de morir
en el cementerio inconcluso de los recuerdos.

Desolate in his impossible flight,
the poet is never alone.
He is possessed
by unattainable, piercing voices.
consumed by the fatal aroma of his lover:
the word,
that wild divinity
copulating with impenetrable mirrors.

[Translated by Egla Blouin and Yvette Neisser Moreno]

En su fuga imposible
nunca está solo el poeta.
Lo poseen voces
inasibles y punzantes.
Lo consume el aroma fatal de su amada,
la palabra,
esa divinidad salvaje
que copula con espejos indisolubles.

Feast

Because I devour the furls of your perfume
seeping into my skin,
and drown in the foliage of your volcanic juices;

Because you wrap me in your moist desire,
and my craving twines around your body,
sunk in the rapture of your cries and contours;

Because beyond you I open a sky, poet and muse,
and our lips indulge in our nectar,
silky white slope that resounds in your illuminated valley;

Because I toast your thighs with live drops,
with your body that sings me, with my body that dances
you,
raising horsemen of anointed pleasures;

Because we are the only ones invited to share this delicacy
naked gods sipping echoes
at a table set with flames, tongues of the same craving.

RSVP

[Translated by Yvette Neisser Moreno]

Banquete

Porque devoro el perfume que despliegas
hasta la hendidura de mis ojos,
y me ahogo en el follaje de tus jugos volcánicos;

Porque me envuelves con tu deseo húmedo,
y mi gula se enrosca en tu cuerpo,
hundida en la embriaguez de tus gritos y contornos;

Porque más allá de ti abro un cielo, poeta y musa,
y los labios se engolosinan de nuestro zumo,
sedosa blancura de vertiente que repica en tu valle iluminado;

Porque brindo con gotas vivas en tus muslos,
con mi cuerpo que te baila, con tu cuerpo que me canta,
enarbolando jinetes de placeres ungidos;

Porque somos de este manjar los únicos invitados
dioses desnudos libando ecos
en una mesa tendida con llamas, lenguas de una misma gula.

RSVP

The Legend of Dryope

They say that every tree is a hidden goddess
and that drops of blood blossom
                  when her flowers are plucked.

They say every tree is a nymph
who suffers love wounds
whenever a branch is ripped from her.

They say every tree is a mother whose feet are roots
for the child who plays beneath
her sad shade.

They say that these goddesses,
mothers whom the child embraces in his joy,
grow when touched by crying.

They say that death is left treeless;
that tears are no longer fertile;
that the mythologies have been burned;
that mothers are not goddesses
and that children now dream without forests.

[Translated by Yvette Neisser Moreno]

Leyenda de Dryope

Dicen que cada árbol es una diosa escondida
y que gotas de sangre brotan
                cuando le arrancan sus flores.

Dicen que cada árbol es una ninfa que sufre,
con el capricho de un desgajo,
                heridas de amor.

Dicen que cada árbol es una madre con pies de raíces
para el niño que juega bajo
                su sombra triste.

Dicen que estas diosas,
madres que el niño abraza en su gozo,
                se enternecen con los llantos y crecen.

Dicen que la muerte se ha quedado sin árboles;
que las lágrimas ya no son fértiles;
que las mitologías han sido quemadas;
que las madres no son diosas
y que los niños ya sueñan sin bosques.

Conversation

For Moraima Semprún de Donahue

I know how it hurts to be tortured by words,
    to use them, to live insufficiently in their weak outlines,
  to want to eat them again, convinced they will taste of needles.

I could organize a symposium of happy verses in some useless
                                    /paradise
      to create another madness
      or the perfect torment.

I would feel fulfilled if I could write silence,
      fill the rift of sentences with a bleeding river,
      grow a tree of letters
      that change colors until they die,
      or capture love in a paragraph
      with only periods and commas, between unbroken
                                 /parentheses,
      with capital letters,
      without substituting the page for the bodies.

If words were actually eyes,
      or bodies in search of orgasm,
      I would not be afflicted by the Machiavellian lie.

Words with their humble, contagious dance
      breed terrifying virtues.
      Crucifixion is one of their punishments.

I cannot be the word nor cease being it.
      We embody a shared misery.

                   (Translated by Yvette Neisser-Moreno)

Diálogo

A Moraima Semprún de Donahue

Yo sé lo que duele la tortura de las palabras
  usarla, y vivir en su débil boceto la propia insuficiencia,
  quererla comer de nuevo convencido de que tendrá sabor
               /de agujas.

Podría organizar un Congreso de versos felices en algún paraíso inútil
  para crear otra locura
  o el suplicio perfecto.

Me sentiría realizado, si pudiese escribir el silencio,
  llenar con un rio sangrante los surcos de las frases,
  hacer brotar un árbol de letras
  que cambien de colores y hasta mueran,
  o capturar el amor en un párrafo
  con solo puntos y comas, entre paréntesis seguidos
  con signos mayúsculos,
  sin sustituir con la página los cuerpos.

Si las palabras fueran, en verdad, ojos,
  o anatomías en busca de un orgasmo,
  no me afligiría la mentira maquiavélica.

La palabra con su danza humilde y contagiosa
  cultiva virtudes aterradoras.
  La crucifixión es uno de sus castigos.

No puedo ser la palabra ni dejar de serlo.
  Encarnamos una miseria compartida.

The Witness Bears His Soul (2002)

El testigo se desnuda (2002)

Appointment With the Critic

Doctor, I bring you a reclusive poetic ego
to be examined under your magnifying glass.
May he confess to you his narcissism with verbs,
the darkness accumulated under his fragile walls,
his uncontrollable anger at wax statues;
why he refuses to be constructed by dreams
and deconstructed by the chalk of long nails;
how his sobs crackle in chiseled stanzas
and a well-behaved silence mutes his screams.
May he tell you of his senseless games with the moon,
a faithful roundness that visits him each evening,
and of his turbulent nightmares with rootless initials.
Check to see if he is made of another essence, this double that loves
my lovers and reveals my forgotten expressions,
my fruits, bones that bloom smiling in the night;
if his parents have died; if he is a lost bird
going from temple to temple, pale towers,
crashing sometimes into hearths, windows, and fires.
May he describe the rosary of his orgasms, his prolific sword,
the thousand-pain chains suffered by others, for whom he prays
every day
and why he dresses stylishly and strips in public
defying at his whim countless rules and advice.
May he open his trunks holding the rags of mirrors, smoke,
echoes
with the murky softness of three jumbled codes
and also the heart that violently rows melodies
of love and loss, tunes at once classical and profane.

That ego, fearsome and fragile like an angel,
had the audacity, the curse and the luck to write poems.

When you, doctor, can explain him,
perhaps we all will understand each other.

[Translated by Yvette Neisser Moreno]

Turno con el crítico

Doctor, le traigo un yo poético recluso
para que lo examine bajo su lupa.
Que le confiese su narcisismo con los verbos,
la oscuridad acumulada bajo sus frágiles muros,
sus enojos incontrolables con las estatuas de cera;
porque rehúsa ser construido por los sueños
y desconstruido por tizas de uñas largas;
como sus sollozos crujen en estrofas cinceladas
y un silencio bien pintado enmudece sus gritos.
Que le cuente sus juegos insensatos con la luna,
redondez fiel que cada tarde lo visita,
y las tempestuosas pesadillas con iniciales sueltas.
Indague si está hecho de otra esencia, doble que ama
mis amantes y destapa mis gestos olvidados,
mis frutos, huesos que florecen sonrientes en la noche;
si sus padres se han muerto; si es un pájaro perdido
yendo de templo en templo, torres mortecinas,
chocando a veces con lumbres, ventanales y fuegos.
Que le detalle el rosario de sus orgasmos, su sable prolífico,
las cadenas de mil dolores que a diario por otros reza
y por qué se viste de estilo y se desnuda en público
desafiando con su capricho hartos cánones y consejos.
Que le abra sus baúles con harapos de espejos, humos, ecos
con la suavidad de tres códigos promiscuos
y también el corazón que rema violentamente melodías
de amor y de pérdida, tonos clásicos y a la vez profanos.

Ese yo, temible y frágil como un angel,
tuvo la audacia, la culpa y la suerte de escribir poemas.

Cuando usted, doctor, lo explique,
acaso todos nos entendamos.

Make-up

I saw his face touched up.
Peaceful and less wrinkled.
Immune to what was happening around him.
Solemn in all respects, without tears
or the difficult beauty
that in life had characterized his visage.

What happened to the lines on the old man's face
that had expressed every fury and joy,
I wondered beneath the austere silence
in which a thousand questions were stifled by flowers.

Is it worth leaving this life
with the false paleness of a mask?

Why did they take from our friend,
with a makeover that fools no one,
the beauty that we all knew
with its wrinkles, smiles, suffering,
talking to us, without touch-ups, face to face?

[Translated by Yvette Neisser Moreno]

El make-up

Le vi el rostro retocado.
Tenía paz y menos arrugas.
Inmune a lo que a su alrededor pasaba.
Solemne en todo caso sin lágrimas
y sin la belleza difícil
que su rostro en vida patentaba.

¿Qué pasó con la cara del viejo
que cada rabia y gozo con líneas vivas registraba?
me pregunté bajo el silencio adusto
que mil preguntas entre flores sofocaban.

¿Valdrá la pena irse
con la palidez postiza de una máscara?

¿Por qué le quitaron a este amigo
con un arreglo que a nadie engaña
la belleza que todos conocimos
con arrugas, sonrisas, sufrimientos
hablándonos, sin retoques, cara a cara?

Inheritance

My planetary son,
from me you inherit
the blood of your syllables,
an explanation that explains you:
you come from where I, myself,
have come groping and fumbling.

Perhaps this treasure contains
some of the clues
to the incomplete crossword
that you shape with your steps on earth

As a human, son of the universe,
you are a wave of the infinite ocean
that, kissing many shores,
is at once both one
and many.

Every root of your names, son of earth,
like all names,
conjugates distant lands and legendary professions,
for example, tax collector in the Ottoman empire.
Your urge to conquer is called Rasmussen or another name
of someone with whom, generations ago,
you explored the South or North Pole.
In another footprint you go back to a great liberator.
You don't know it. It belongs to the history or legend
of a transitory people
but it also belongs to you
and will belong to your children and their descendants.
Your lineage is of the seas and winds
of the peoples of Moses, Aeneas, and Zeus.
There are tongues and cultures speaking to you that you don't

Herencia

Hijo planetario
de mí heredas
la sangre de tus sílabas,
una explicación que te explica:
vienes desde donde yo mismo
he venido a tientas.

Acaso este tesoro contenga
algunas de las claves
del crucigrama incompleto
que configuras con tus pasos de tierra.

Como humano, hijo del universo,
eres una ola del océano infinito
que besando muchas playas
permanece uno y muchos
al mismo tiempo.

Cada raíz de tus nombres, hijo del suelo,
como todos los nombres,
conjuga tierras lejanas y oficios legendarios,
uno de ellos, por decir, recaudador de impuestos en el Imperio Otomano.
Tu afán de conquista se llama Rasmusen u otro nombre
con quien, generaciones atrás,
exploraste el polo sur o el norte.
Por otra huella te remontas hasta un prócer.
No lo conoces. Pertenece a la historia o leyenda
de un pueblo transitorio
pero a ti también te pertenece
y le pertenecerá a tus hijos y su descendencia.
Tu estirpe es de los mares, los vientos
de los pueblos de Moisés, de Eneas y de Zeus.
Hay lenguajes y culturas que te hablan y no entiendes,

understand,
though they give life to every one of your veins:
Italian, Arabic, French, Spanish, English,
that language in which you were born
in one of the magic flights of your blood;
and this testimony that you can read, son of time,
even your son may not understand
though the sounds consume him
with yearning and inexplicable gestures.

Examine your hands
and you will read the lives of many hands:
those that cultivated ancient fields,
that invented the illusion called science,
that pored over books of law, metaphysics and letters,
that traded fabrics, airplanes, grains
and collected from the drachma to the dollar,
those that nurtured you with the warmth of a caress.
Examine your hands, son,
and in their furrows you will harvest incredible genes.
Someday, in a mirror of wrinkled flesh, you will decipher
the faces of ancient roots and seeds. .

In your lifetime you will see names die and revive
and you'll see yourself in each of them, son,
mysteriously reflected.

Inheritance: the language in our blood
that keeps memory alive.

[Translated by Yvette Neisser Moreno]

a pesar de animar cada una de tus venas:
el italiano, el árabe, el francés, el español, el inglés,
ese idioma en que has nacido,
en uno de los vuelos mágicos de tu sangre;
y este testimonio que tú puedes leer, hijo del tiempo,
tu hijo quizá ya no lo entienda
aunque le quemen los sonidos
con añoranzas y gestos inexplicables.

Fíjate en tus manos
leerás las vidas de muchas manos:
las que cultivaron tierras seculares,
las que inventaron aquella ilusión que se llama ciencia,
las que recorrieron libros de leyes, metafísica y letras,
las que negociaron telas, aviones y cereales,
y recogieron desde el Drachma hasta los dólares,
las que te cuidaron con el calor de la caricia.
Fíjate en tus manos, hijo,
en sus surcos cosecharás genes increíbles.
Algún día descifrarás en un espejo de carne ajada
los rostros de antiguas raíces y semillas.

Porque en tu vida verás morir y amanecer nombres,
y te verás en cada uno de ellos, hijo,
misteriosamente reflejado.

La herencia es el idioma de la sangre
que guarda la memoria.

The Old Man

No longer is he the man who spelled out the street with firm steps
and cheerily pushed away echoes of old clamors.
No longer is he the man who opened petals with invincible
/arrogance
and in the bright evenings ignited moons, winds, birds that
/stayed up all night.

Nor is he the man of happy spheres, of audacious stairs,
of a tireless weight, of unbridled shouts, as if he were master of the air.
Now he is a man who makes love with memories
and with the guest who loves him, convinced
that he is no longer the man who was impatient with fears and
/stones.

Now he is a man who cultivates life even when it twists his bones,
who scatters dreams in weeds that sometimes flower
and who returns expressionless to the tender beyond
where death is a word that does not exist
because infinite arms are made of fire
and lost hours are made of water.

[Translated by Yvette Neisser Moreno]

Anciano

Ya no es aquel hombre que deletreaba la calle con pasos firmes
y ahuyentaba risueño los ecos de antiguos voceríos.
Ya no es aquel hombre que abría pétalos con arrogancia invencible
y en las tardes coloridas prendía lunas, vientos, pájaros que
/trasnochaban.

Tampoco es aquel hombre de esferas felices, de escaleras audaces,
de un peso sin fatiga, de gritos desatados, como si fuera dueño del aire.
Ahora es el hombre que hace el amor con los recuerdos
y con el huésped que lo ama convencido
que ya no es el hombre impaciente con los miedos y las piedras.

Ahora es el hombre que cultiva la vida hasta torcer los huesos,
que esparce los sueños en malezas que a veces florecen
y que vuelve sin gestos al más allá tierno
donde la muerte es una palabra que no existe
porque los brazos infinitos son de fuego
y las horas perdidas son de agua.

Labyrinths of Smoke (2005)

Laberintos de humo (2005)

Listen to the Blue Silence of Their Cries

The poet's desire to write her own ending
Washington Post, July 19, 2003

Listen to the blue silence of their cries.

Listen to Socrates, who walked his dialogues in Athens:
There is a sovereign decision in death.

Listen but don't mention the shooting, the hemlock, the pills,
the black razor, the goal of martyrdom,
or the names of Alfonsina, Alejandra,
María Mercedes, Lugones, or other freed birds,
because it is a vain exercise in culture.

Listen to their dream in the infinite sea.
Listen to the shrieks of the broken homeland.
And do not ask the asterisk
superfluously about its memory.

In the poem, languid clamor of smoke,
lie their lives. Brief deaths:
Listen to the blue silence. Later, butterflies wing,
arriving finally at the hour for watching the wind.

Listen to the darkness and the distance
and keep watch, with reverence,
over the magic illusions of the night.

[Translated by Yvette Neisser Moreno]

Oíd el silencio azul de sus gritos

The poet's desire to write her own ending
Washington Post, 19 de julio de 2003

Oíd el silencio azul de sus gritos.

Oíd en Atenas a quien caminaba sus diálogos:
hay una decisión soberana en la muerte.

Oíd y no mencionéis el disparo, la cicuta, las píldoras,
la navaja negra, la meta de un martirio,
o los nombres de Alfonsina, Alejandra,
María Mercedes, Lugones u otras aves sueltas,
porque es un vano ejercicio de cultura.

Oíd su sueño en el mar infinito.
Oíd los alaridos de la patria rota.
Y no le preguntéis superfluamente
a la memoria del asterisco.

En el poema, lánguido clamor de humo,
yacen sus vidas. Muertos breves:
oíd el silencio azul. Las mariposas luego vuelan
llegando por fin la hora de mirar al viento.

Oíd a la oscuridad y a la distancia
y velad con reverencia
las ilusiones mágicas de las noches.

Otherness

I quote no one but myself.

Luis Alberto, just to name someone, is a wandering man with false eyes.
When he makes love he sees sapphire clouds, stars, or ashes,
but he does not die completely.
Like Socrates, the more he talks the less he knows about the
                              / labyrinth of his numbers.
Enormous minutia
lost in his enigma,
he spells it out with the viscera that stammer the four cardinal points.
Magically, he breathes an ephemeral air
with all existing contaminations and those to come.
Blinded from youth by unfinished lightning
he plays with everything
including the Academy of the Language
which he uses outrageously,
even when he kisses misprints, utopian carnations, the bottom of things.
He lives the status quo upside down, as if light were night and
                              /vice-versa.
He works fixing mirrors broken by philosophers and poets,
so he can style himself into oblivion.
Daily he sweeps shadows, the slightest secret, the late rains.
From the glowing fidelity of his roots
he undoes voices and names
while feeding crumbs of daylight to the tears of time.
He has a body, a mixture of signatures and veins, howling at silence.
Luis Alberto goes in and out, trying to escape from himself,
from the nomadic solitude of useless shouting,
from the spell of stagnant dreams,

Otredad

No cito a nadie sino a mí mismo.

Luís Alberto, por decir alguien, es un hombre errante con ojos postizos.
Cuando hace el amor ve nubes de zafiro, estrellas o cenizas,
pero no se muere del todo.
Como Sócrates cuanto más dice menos conoce el laberinto de sus cifras.
Grandísima minucia
perdido en su enigma
lo deletrea con las vísceras que balbucean a los cuatro puntos cardinales.
Respira mágicamente un aire efímero
con todas las contaminaciones habidas y por haber.
Enceguecido desde joven por un relámpago inconcluso
juega con todo
inclusive con la Academia de la Lengua
que utiliza de una forma desaforada,
hasta cuando besa las erratas, los claveles utópicos, el fondo de las cosas.
Vive del estatus quo dado vuelta, como si la luz fuera noche y viceversa.
Trabaja componiendo los espejos rotos por filósofos y poetas
para intentar peinarse hasta el olvido.
Barre a diario las sombras, el más leve secreto, las lluvias tardías.
Desde la lozana fidelidad de sus raíces
desteje voces y apellidos
mientras le da de comer migas de sol a las lágrimas del tiempo.
Tiene un cuerpo, mezcla de rúbricas y venas, que aúllan al silencio.
Luís Alberto entra y sale, tratando de escaparse de sí mismo,
de la soledad nómada del inútil vocerío,
del conjuro de sueños atascados,
en una epifanía negra
en donde se encuentra con el otro Luís Alberto, ese alguien

in a black epiphany
where he meets the other Luis Alberto, that someone
who is the wandering man
in the strange text of life
recently read.

[Translated by Ana Osan]

que es el hombre errante
en el extraño texto de la vida,
recién leído.

U.S. Landscapes

If each brick could speak;
if each bridge could speak;
if the parks, plants, flowers could speak;
if each piece of pavement could speak,
they would speak Spanish.

If the towers, roofs,
air conditioners could speak;
if the churches, airports, factories could speak,
if each furrow of this country could speak,
they would speak Spanish.

If the toils could bloom with a name,
they would not be called stones, but González, García,
Sánchez, José, Rodriguez, or Peña.

But they cannot speak.
They are hands, works, scars,
that for now keep silent…
or perhaps not anymore.

[Translated by Yvette Neisser Moreno]

76

Paisajes de USA

Si cada ladrillo hablara;
si cada puente hablara;
si hablaran los parques, las plantas, las flores;
si cada trozo de pavimento hablara,
hablarían en español.

Si las torres, los techos,
los aires acondicionados hablaran;
si hablaran las iglesias, los aeropuertos, las fábricas,
si cada surco de este país hablara,
hablarían en español.

Si los sudores florecieran con un nombre,
no se llamarían piedras, sino González, García,
Sánchez, José, Rodríguez o Peña.

Pero no pueden hablar.
Son manos, obras, cicatrices,
que por ahora callan...
o quizás ya no.

Ars poetica

Why do you sing to the rose, o poets!
Make it bloom in the poem.
                              Vicente Huidobro

Seduce me as you let me conquer the mystery of your blossom,
and if I linger over a petal until exhausted from sweetness and fatigue
wrap me in your softness with the magic of your hands and silks.

Drink my copious rain and sing it with the luster of your green eyes.
Ignite your colors, open the fervor of your wings, so that I may be reborn
as a creature of air at the very summit of your sky.

And while my body grows to fill your corolla and your desire,
moisten my flight, with your voice, your sap, the lips I prefer.
You know, love, that I have yet to write my best lines.

[Translated by Yvette Neisser Moreno]

Ars poética

Por qué cantáis la rosa, ¡oh Poetas!
hacedla florecer en el poema.
Vicente Huidobro

Sedúceme mientras dejas que conquiste el misterio de tu brote
y si me detengo en un pétalo hasta rendirme de dulzura y de fatiga
envuélveme en tu blandura con la magia de tus manos y tus sedas.

Bebe mi lluvia numerosa y cántala con el brillo de tus ojos verdes.
Enciende tus colores, abre el fervor de tus alas, hazme renacer
animal del aire en la punta misma de tu cielo.

Y mientras mi cuerpo crece hasta llenar tu corola y tu deseo,
humedece mi vuelo, con tu voz, con tu savia, mis labios preferidos.
Sabes, amor, que escribiré más tarde mis mejores versos.

The Nudity of Wonder (2008)

La desnudez del asombro (2008)

I Find You in the Maja of Goya

Dawn undresses the night
and your canvas gives me life.
I celebrate my liturgy on your naked altar
to the point of drawing your body
on the cloth of my skin and my mind.

With the shadows figures are created,
painters paint.
I, a singer of the penumbra, light up
extracting the nipples from your foam,
painting the scream of our two colors
in one single syllable.

I would hope to turn you around
at some moment to go over your back,
with the inquisition of carnal desire,
so that I could explore your warm cliffs
the exquisiteness of the contours
your secret domicile.

Later, I would love to see the sparkles
of sky and water in your dark eyes
and to enjoy without secrets the color of your soul:
but, Maja, tell me: is it night or is it day,
is it made out of gold, or out of fire?

Prado Museum

[Translated by Ana Osan]

Te encuentro en la Maja de Goya

El alba desviste la noche
y tu canvas me regala vida.
Celebro mi liturgia en tu altar desnudo
hasta dibujar tu cuerpo
en la tela de mi piel y de mi mente.

Con las sombras se crean las figuras,
los pintores pintan.
Yo, cantor de la penumbra, me ilumino
extrayendo los pezones de tu espuma,
pintando el grito de nuestros dos colores
en una misma sílaba.

Me ilusionaría en algún momento
darte vuelta para recorrer tu espalda,
con inquisición de lujuria,
que explore tus acantilados tibios
la exquisitez de los contornos
tu oculto domicilio.

Querría luego ver los destellos
de cielo y agua en tus ojos oscuros
y gozar sin secretos el color de tu alma:
pero, Maja, dime: ¿es de noche o es de día,
es de oro, o es de fuego?

Museo del Prado

The Blouse

*(a male version of Jane Kenyon's poem, "The Shirt,"
which Donald Hall, the U.S. poet laureate, would remember
with the love of his love, the poet Jane Kenyon).*

It covers her from the neck down.
Its silk caresses her back,
rubs her breasts,
holds on to her erect nipples
to the point of giving itself;
it slides over her sides
until it penetrates her between the legs.
How lucky! The Blouse.

[Translated by Ana Osan]

La blusa

*(versión masculina del poema de Jane Kenyon, "The Shirt",
que Donald Hall, el poeta nacional de los EE.UU. recordaba
con el amor de su amor, la poeta Jane Kenyon).*

La cubre desde el cuello.
Seda, acaricia su espalda,
roza sus pechos
retiene los pezones erguidos
a punto de entregarse
se desliza por sus costados
hasta meterse entre sus piernas.
¡Qué suerte tiene! La Blusa.

Godiva

She rides her svelte nakedness,
the exposed beauty of her buttocks,
her breasts, her legs that enjoy,
open, the rhythm of the gallop,
on the steed's white back...

She is ashamed and she enjoys herself, in fervent duality,
exhibiting herself naked in the streets,
under the blonde tulle of her long hair,
to the lust of the subjects
behind their doors at Coventry.
An epic young lady, she has saved her village.
She has won the bet with the Count.
She has sacrificed the modesty of her golden skin
for the remission of taxes for her people
required to pay for them, like us, with hunger.
Her lord and master, the Honorable Leofric,
who did not possess her,
for her great deed of heroic nudity,
lost, first, her undressed body,
his pragmatic harvest of pounds sterling.

Oh! Lady Godiva, Lady of Coventry,
please intercede, as you once did
with the miracle of your entire and chaste nudity
—Tom's dream, Romantic Tennyson poem—
to rid us also of those who oppress us
with their tax burden.

Godiva

Cabalga su esbelta desnudez
la belleza expuesta de sus nalgas,
sus senos, sus piernas que disfrutan,
abiertas, el ritmo del galope,
en el lomo blanco del corcel…

Se avergüenza y goza, en dualidad ferviente,
exhibiéndose desnuda por las calles,
bajo el rubio tul de sus cabellos largos,
a la lujuria de los ojos de los súbditos
detrás de sus postigos en Coventry.
Épica muchacha, ha salvado a su pueblo.
Le ha ganado al Señor Conde la apuesta.
Sacrificó el recato de su piel dorada,
por la excepción de impuestos para su gente,
sometida a pagarlos, como nosotros, con el hambre.
Su esposo-dueño, el Honorable Leofrico,
que no la poseía,
por su hazaña de desnudez heroica,
perdió la primicia de su cuerpo desvestido,
su pragmática cosecha de libras esterlinas.

¡Ah, Lady Godiva, Madame de Coventry,
interceda, por favor, como lo hizo entonces
con el milagro de su desnudez total y casta
–sueño de Tom, poema del romántico Tennyson–
para despojarnos también de los que nos oprimen
con sus cargas impositivas!

Today the frequent nudity does not free us at all
nor does it move one bit the insatiable Powers of the treasury
that live, like her frowning husband,
with a heart as hard as Esau's hand,
mercilessly raising taxes…
and our collective tears.

[Translated by Ana Osan]

Hoy la desnudez frecuente de nada nos libera
ni conmueve en absoluto a los Poderes insaciables del fisco,
que viven, como su ceñudo marido,
con un corazón tan duro como la mano de Esaú,
aumentando sin compasión los impuestos …
y nuestras lágrimas colectivas.

The Holocaust of Faces

Who bleeds today,
not in the wars,
but in the writing
with the last drop of the soul?

In ancient Greek,
Paul Cartledge says,
with his heart in the wound,
"truth," literally,
means "never forget."

The faces survive
on the wall covered with paper,
from Prague, Buenos Aires,
Palestine, Iraq, the museums
of Jerusalem and Washington,

I listen to them and I talk to them
in their written name…

Never the past, always the present,
just like the difficult embrace
           of an indispensable forgiveness.

[Translated by Ana Osan]

El holocausto de las caras

¿Quién se desangra hoy,
contrario a las guerras,
en la escritura
con la última gota del alma?

En el antiguo griego,
dice Paul Cartledge,
con el corazón en la llaga,
"verdad" literalmente
significa "no olvidar".

Los rostros sobreviven
en la pared empapelada,
de Praga, de Buenos Aires,
de Palestina, de Iraq, los museos
de Jerusalén y de Washington,

los escucho y les hablo
en su nombre escrito ...

Jamás pasado, son presente,
como el difícil abrazo
          de un perdón indispensable

Unilateral Poet

He has lived with love.
He refuses to write death.

  He will not abandon poetry,
  even if poetry abandons him.

    Will someone pick up his verses?

Buenos Aires, October 9, 2006

[Translated by Ana Osan]

Poeta unilateral

Ha vivido el amor.
Rehúsa escribir la muerte.

No abandonará la poesía,
aunque la poesía lo abandone.

¿Recogerá alguien sus versos?

Buenos Aires, 9 de octubre de 2006

Green Inspiration

To Rafael Cadenas

The houses of poets,
Cavafis would say,
have green walls
painted in "fascinating emerald."

Green the word, green stanza,
Green melody, the form, green.
Green the background, green kisses.
Green sadness, green glances.

Green, how I desire you, green.
Green wind. green branches…

Green flesh, green hair.

Green is the girl. She has
green eyes, green hair
…
she comes with the green air!
(the earth turns green)

Green the space, the light, green
…green, like the sea, you complain

Green meetings, the silence, green.

Green wise men.

Inspiración verde

A Rafael Cadenas

Las casas de los poetas,
decía Cavafis,
tienen paredes verdes
pintadas de "esmeralda fascinante".

Verde la palabra, estrofa verde.
Verde melodía, la forma verde.
Verde el fondo, besos verdes.
Verde tristeza, las miradas verdes.

Verde que te quiero verde.
Verde viento, verdes ramas…

Verde carne, verde pelo.

Verde es la niña. Tiene
verdes ojos, pelo verde
…
en el verde aire viene!
(la tierra se pone verde)

Verde el espacio, la luz verde
… verde, como el mar, te quejas

Verdes citas, el silencio verde.

Verdes sabios verdes.

Green shy ones of poisonous greens.
Green the willow that cries green tears.
Green shadow, green, the echo.

Green, the wind, the dawn, green.
Green, the hearts, the minds, green.
Green, the fruit, the hope, green
Green, green skin, the sky, green.
Green, the day, eternity, green.

Who knows
why
it ceased being
poetry in black and white
and it filled up with greens...

Washington, DC, September 2005

[Translated by Ana Osan]

Verdes tímidos de venenosos verdes.
Verde el sauce que llora lágrimas verdes.
Sombra verde, verde el eco.

Verde el viento, el crepúsculo verde.
Verdes los corazones, las mentes verdes.
Verde la fruta, la esperanza verde
Verde piel verde, el cielo verde.
Verde el día, la eternidad verde.

Vaya a saber
por qué
dejó de ser
poesía en blanco y negro
y se llenó de verdes ...

Washington, DC, Septiembre 2005

The Eagle and the Illegal Shoes

Blood of shoes.
Orgasms of shoes.
Sacrifices of shoes.

Questions from shoes:

What does the Eagle have to do
with shoes?

Perhaps the Eagle wants to strangle them,
shred to pieces the language and culture they carry
on the incredulous edges
of waters, stones, and cacti?

Perhaps the Eagle wants
their melodies to speak English
starting with thirty decrees,
in the streets, the bodies, the cities,
the nights that rock the rhythm of life
in the blood that is not legislated?

Perhaps the Eagle,
who writes history
with its claws,
wants to recreate its rich mosaic
with the fables of pilgrims,
without noticing that they walk the truth of valleys,
the sown fields, the corpses, the hips,
and that the "hard facts" (hechos arduos)

El Águila y los zapatos ilegales

Sangre de zapatos.
Orgasmos de zapatos
sacrificios de zapatos

Preguntas de zapatos:

¿Qué tiene que ver el Águila
con los zapatos ?

¿Querrá el Águila estrangularlos,
despedazar la lengua y cultura que cargan
en los bordes incrédulos
de aguas, piedras y cactus?

¿Querrá el Águila
que hablen inglés sus melodías
a partir de treinta decretos,
en las calles, los cuerpos, las ciudades,
las noches que acunan el himno de la vida
en la sangre que no se legisla? ...

¿Querrá el Águila
que escribe la historia
con sus garras
recrear su rico mosaico
con fábulas de peregrinos,
sin percibir que caminan la verdad los valles,
las siembras, los cadáveres, las caderas,
y que los "hechos arduos" (hard facts?)

are accomplices of this chastised
presence and fortune?...

Perhaps it wants to ignore
that the shoes walk because of hunger,
to ignore that hunger is what is illegal,
to remove from the mouth
of the universe
the light, the water, the corn;
to ignore that what is illegal
is to put a fence around the poor,
creating without qualms
the coffin of their misery?

Perhaps the Eagle wants to disregard
that the crime is the hatred
from its talons and beak.

Perhaps it wants to block
the road to those shoes,
with walls that do not stop the souls
from destroying with immune voracity
the rest of the planet,
the wings, the footprints,
the hands that work,
all the shoes
or bare feet,
the heirs of the earth
and their own shoes,
after choking its prey?

son cómplices de esta presencia
y andanza castigados? ...

¿Querrá ignorar
que los zapatos marchan por hambre,
ignorar que lo ilegal es el hambre,
el sacarle de la boca
la luz, el agua, el maíz
al universo;
ignorar que lo ilícito
es alambrar al pobre,
armando sin escrúpulo
el ataúd de su miseria? ...

¿Querrá el Águila desconocer
que el delito es el odio
de sus zarpas y de su pico?

¿Querrá cerrarles a
los zapatos el camino,
con muros que no atajan almas
para destrozar con voracidad inmune
al resto del planeta,
a las alas, a las huellas
a las manos que trabajan,
a todos los zapatos
o pies desnudos
herederos de la tierra
y a sus propios zapatos,
bajo la asfixia de su caza?

Perhaps it wants the U.S.,
our country of eagles and immigrants,
to turn, for the majority
of other nations,
into an empire of illegal boots
a globalized squadron
of thieves and guards?

Perhaps it wants the gods
to put on weight indefinitely
with the foul abundance
it picks up
between its claws and its whips.

Why does the Eagle fear
these torn shoes,
poor feet, vulnerable weariness,
that only walk,
their sores, their sweat, their North,
as we all did
in the sea of the universe?

And the shoes with their diplomas,
astonished, ask themselves:
Whose Eagle is it?

Washington, DC, May 1, 2006

[Translated by Ana Osan]

¿Querrá que USA,
nuestro país de águilas e inmigrantes,
se convierta para la mayoría
de los otros pueblos
en un imperio de botas ilegales
escuadrón globalizado
de rapiñas y de guardias? ...

¿Querrá que los dioses
engorden infinitamente
con la abundancia pestilente
que recoge ella
entre sus uñas y sus látigos? …

¿Por qué teme el Águila
a estos zapatos rotos,
pies pobres, fatiga indefensa,
que sólo marchan,
sus llagas, su sudor, su Norte,
como lo hicimos todos
en el mar del universo?

Y los zapatos con sus diplomas,
atónitos, se preguntan:
¿De quién es el Águila?

Washington, DC, Mayo 1, 2006

Destiny the Vallejo Way

To Marco Martos

A friendly corpse accompanies me
another sober calendar of kisses,
the dream that falls ill

a spirit that withers
in the mature tree of debris.

I fly from one night to another
almost resting in peace
with condolences as a companion.

Trail of tears
over the stones of the dead
over each blow from my days
and the sadness of nations
with their martyrs resounds in me,
their crimes, their triumphs,
their ruins, their penitent glories.

There is no mask
for happiness,
except in the lies of verses.

Yet.

[Translated by Ana Osan]

Destino a modo de Vallejo

A Marco Martos

Me acompaña un cadáver amigo
otro sobrio calendario de besos,
el sueño que se enferma

un espíritu marchitándose
en el árbol maduro de resacas.

Vuelo de una noche a otra
casi descansando en paz
con un pésame compañero.

Camino las lágrimas
sobre las piedras de los muertos
en cada golpe de mis días
y me retumba la tristeza
de los pueblos con sus mártires,
sus crímenes, sus triunfos,
sus ruinas, sus glorias penitentes.

No hay una máscara
para la felicidad,
excepto en la mentira de los versos.

Todavía.

Condolence Payments

The [U.S.] military has paid more than $32 million to Iraqi and Afghan civilians for noncombat-related killings...

New York Times, April 12, 2007

For Sarah Browning y Sam Hamill,
poets against the war.

My bullet
killed you, Iraqi child,
on your way to school
because my soldier
thought your books
in your colorful backpack
were a bomb.

My bullet,
fisherman of the Euphrates,
killed you as you raised
your fishing pole and catch—
a fish, to satisfy your hunger—
a gesture of peace
and my soldier could not
understand your language.

My bullet,
mother,
murdered you for no reason
while you sat in a taxi.

Pagando por el pésame

The [U.S.] military has paid more than $32 million to Iraqi
and Afghan civilians for noncombat-related killings...

New York Times, a 12 de abril de 2007

A Sarah Browning y Sam Hamill,
poetas contra la guerra.

Mi bala
te mató, niño iraquí,
camino a la escuela,
porque mi soldado
creyó que tus libros,
en su maleta de colores,
eran una bomba.

Mi bala,
pescador del Éufrates,
te mató, mientras alzabas
la caña y tu presa,
un pez, para colmar tu hambre,
en señal de paz
y mi soldado no pudo
entender tu lenguaje.

Mi bala,
madre,
te asesinó sin razón
cuando en un taxi

You were on your way home
because you are a mother
and they were waiting for you
at home, to do
all that mothers do.

My bullet
pierced your wedding,
bride or groom,
because someone rejoiced
with the centuries-old custom
of a shot in the air
and the lives of the newlyweds,
their parents and entourage
were united in death
beneath the sun and stars
because their romance was a threat.

Politely,
my government will pay
the shattered corpses imploring on their knees
the relatives of the child,
of the Euphrates fisherman,
of the mother, and of the newlyweds
for the pain, the grief
for these brittle ashes
with my taxes, the same taxes
that paid for the bullet.

te dirigías a casa,
porque eres madre
y te esperaban
para que hagas en el hogar
todo lo que haces.

Mi bala
acribilló tu boda,
muchacha o mancebo,
porque alguien la festejó
con la costumbre centenaria
de un tiro al aire
y la vida de los novios,
sus padres y cortejo
se unieron con la muerte,
bajo el sol y las estrellas,
por su romántica amenaza.

Gentilmente,
a los escombros muertos o de rodilla,
a los familiares del niño,
a los del pescador del Éufrates,
a los de la madre, de los novios,
mi gobierno
les abonará el duelo, la pena
por estas cenizas ásperas,
con mis impuestos, de rito,
que también pagan la bala,

(Condolence payments
is what they call
this cold monetary deception.)
If my government truly
were to pay condolence payments
for every single tear
caused by my bullet,
perhaps it would run out of money
and have to stop the killing…

I am not speaking of the exploits
of crows or horses.
I'm speaking in plural the word "death."
I'm speaking the eternal life of silence.
I'm speaking of the forgiveness that cannot be bought.

I'm speaking of my bullet.

Washington D.C., 2007

[Translated by Yvette Neisser Moreno]

("condolence payments"
les llaman,
a ese engaño indolente de monedas).
Si, mi gobierno, en verdad,
pagase "condolence payments"
por cada una de las lágrimas
que causó mi bala,
acaso se quede sin dinero
para seguir matando ...

No hablo de proezas
de cuervos o de caballos.
Hablo en plural la palabra muerte.
Hablo la eterna vida del silencio.
Hablo del perdón que no se compra.

Hablo de mi bala.

Washington D.C., 2007

The Wind's Archeology (2011)

La arqueología del viento (2011)

The Wind's Archeology

For Macedonio Fernández

I am looking for the stone inside poems.
Looking for something that does not escape my shadow
and, in its stillness, spreads the echo.

I am looking for something that lasts afterwards,
after water and halo,
something that stays without leaving,
does not suffer the insults and losses
of the easy roads.

I am looking for something that does not change
because in its dourness there is
one lone number.

I am looking for the silenced figure
of a thousand screams,
the unresigned victim,
script,
the austere dignity of being
where freedom of memory and desire
live perennially.

I am looking for something that is
inside out,
a substance that can be perverted
by the truth,
against the foolproof jolt
of the message.

[Translated by Naomi Ayala]

La arqueología del viento

A Macedonio Fernández

Busco la piedra de los poemas.
Busco algo que no huya de mi sombra
y en su paz disperse el eco.

Busco algo que permanezca después,
después del agua y de la aureola
quedándose sin irse,
sin sufrir los ultrajes y las pérdidas
de los caminos sueltos.

Busco algo que no altere
porque en su dureza hay
un solo número.

Busco la cifra callada
de los mil gritos,
víctima sin resignación,
escritura,
dignidad austera de presencia
donde vivan perennes
la libertad de la memoria y el deseo.

Busco algo que sea
al revés,
esencia que se pervierta
con la verdad,
contra el golpe infalible
del mensaje.

Camille Claudel

Where are your works of art?
Young Girl with a Sheaf of Wheat, The Bathers,
The Waltz, Shakuntala,
clandestine teacher
of the lover-apprentice,
bearded master.

Where does your song languish
in the pentagrams of Debussy,
after hours of drinking
to confuse with madness your solitude?

Before and after the asylum
they say yours were the hands and feet
of *The Doors to Hell*
and I feel in the trembling of my flesh
the absence of your signature
that caused your cold and misery.
You have fallen into the abyss
and Paul, who was your brother and a writer,
did not know how to save you.

Woman of genius
sin against nature,
they did not let you be.
You damned yourself and were sentenced
by the world to madness,
that state that rejects our sanity

Camille Claudel

¿Dónde están tus obras?
Joven con hierba, Los bañistas,
El Vals, Sakuntala,
maestra clandestina
del amante aprendiz
barbudo maestro.

¿Dónde languidece tu melodía
en los pentagramas de Debussy,
después de las horas de bebida
con las que enloquecías tu soledad?

Antes y después del manicomio
dicen que son tuyas las manos y los pies
de *Las puertas del Infierno*
y siento en el temblor de mi carne
la ausencia de tu firma
que provocó tu frío y tu miseria.
Has caído en el abismo
y Paul, que era tu hermano y escribía,
no te supo liberar.

Mujer de genio:
pecado contra natura,
no te dejaron ser.
Te condenaste y te condenó
el mundo a la demencia,
ese estado que rechaza nuestra cordura,

the senselessness of our sense.
And you were crazy.

Who resists insanity?
It is not altogether strange.
Your mother, enraged, killed you
for your rebellious ways.

My love, you die an artist.

Sometimes love sprouts from our death.
And it is another death.
But today, Camille Claudel,
inspiration, exemplar, lover,
you live out your misfortune and achievement

in the teeming river of your biography
and the belated recognition
that is another life,
one that's less decapitated.

[Translated by Naomi Ayala]

el sinsentido de nuestro sentido.
Y estabas loca.

¿Quién resiste a la locura?
No es del todo extraño.
Te mató, con saña, tu madre
por rebelde.

Querida, mueres creadora.

A veces el amor nace cuando uno muere.
Y es otra muerte.
Pero hoy, Camille Claudel,
inspiración, modelo y amante,
vives tu desgracia y tu logro,
en el río desbordante de tu biografía
y el reconocimiento tardío,
que es otra vida,
menos decapitada.

Who Are the Martyrs?

For Miguel Hernández

Those who can be told apart
in black and white,
who die among the flags
of the multitudes.

Witnessing faces,
souls that live through
the rocks
of spells
and vigils,
the power of love;
remains of an origin
and an end.

Will's numbers
bodies of the bodies
that transcend
complaints, the nights,
the void,
the empire's ring
the coffin of forgetting,
silence's blindness.
Also, and always,
Untouched gods,
death

[Translated by Naomi Ayala]

¿Quiénes son los mártires?

A Miguel Hernández

Los que se distinguen
en blanco y negro
y mueren en las banderas
de la muchedumbre.

Rostros testigos,
almas que viven
rocas
de conjuros
y vigilias,
la fuerza del amor;
despojos de un origen
y de un final.

Números de la voluntad
cuerpos de los cuerpos
que trascienden
las quejas, las noches,
el vacío,
el anillo del imperio,
el féretro del olvido,
la ceguera del silencio.
También y siempre,
dioses intactos,
muerte.

Millennium Blues

To travel to the empire
of the Statue of Liberty
one needs to remove one's shoes
jacket, and put everything
through a x-ray machine
so that it can open these in its viscera
and photograph their entrails;
one must submit
to having one's skeleton scanned,
allow underarms to be felt,
the waist, the area of the pubis
on down.

After the attack on the Twin Towers
on Wall Street,
in this tinged
lower Manhattan
rights are withdrawn from eyes
by the police, the intelligence services
who come to take over the talks,
readings, your light and night;
one makes love below the camera.
Often we leave
The things we own.

When you arrive at my land,
Former other of hope,
you'll find liberty is now

Blues del milenio

Para viajar al imperio
de la Estatua de la Libertad
uno necesita sacarse los zapatos,
la chaqueta y pasar todo
por debajo de una máquina de rayos X
para que lo abra en sus vísceras
y fotografíe sus entrañas;
debe uno someterse
a que le revisen el esqueleto,
permitir que le palpen los sobacos,
la cintura y desde el pubis
para abajo.

Después que atacaron las Torres Gemelas
en Wall Street,
en el así teñido
bajo de Manhattan,
sacan de los ojos los derechos,
la poliCIA, los servicios de inteligencia,
se posesionan de las charlas,
las lecturas, de tu luz y de tu noche;
uno hace el amor bajo la cámara.
A menudo dejamos
las pertenencias.

Cuando llegas a mi tierra,
madre otrora de esperanza,
encontrarás que hoy la libertad

a sad and obsolete statue
over the waves and cities
of losses
where the only impossible nonsense
is forgetting.

[Translated by Naomi Ayala]

es una triste y obsoleta estatua
sobre olas y ciudades
de pérdidas
donde la única necedad imposible
es el olvido.

Minor Poet

He has been nominated to be a minor poet
(in minor countries, like Minorca)
because metaphors are not altogether capricious
nor does the scratching of their rhymes amount to much,
the rebellious syllables, accentless
or with misplaced accents, seem not to sing.
Neither has he created a movement
nor unfurled a manifesto.
Dead, he appears alone at the foot of the page.
Without conviction, he declared himself the worst
with short poem (long ones he turned into short epithets).
The major ones escaped to their hierarchy and his pocket.
His blood was a world that shed lines.
The birds carried their wings elsewhere.
As a minor poet, his obligations mounted
in inverted proportion to recognition.
It's just that time, sowed into the poem,
does not beg perverse critics for charity.
But the muses would not let him be
nor peace or the hard blank pages.
He gathered diphthongs from the trees and without respite.
He wrote verses like he wrote verses, and wrote like he lived
(love is a verb),
yet he could not spell out the ocean or the sun,
quarter the rainbow in a refined way.
And so many were dying in the jungle
that his indescribable kiss would flee to reading,
the forbidden thematic would make the faces
of wise rural women blush with ecstasy.

Poeta menor

Lo ha nominado poeta menor
(en países menores, Menorca)
porque las metáforas no son del todo caprichosas
ni suman magnitudes al rasguño de sus rimas
las silabas rebeldes sin acentos
o desubicados, parece que no cantan.
Tampoco ha creado movimiento alguno
ni desplegado manifiesto.
Muerto solo aparece a pie de página.
Sin convicción se declaró poeta ínfimo
con poemas cortos (largos que epitetaba cortos).
Escapaban a su jerarquía y bolsillo los mayores.
La sangre era un mundo que lloraba versos.
Los pájaros llevaban sus alas a otra parte.
Como poeta menor sus obligaciones aumentaban
en proporción inversa al reconocimiento.
Es que el tiempo sembrado en un poema
no pide limosna a los críticos perversos.
Pero los duendes no lo dejaban tranquilo
ni la paz o dureza de las páginas en blanco.
Recogía diptongos de los árboles y sin tregua.
Escribía versos como escribía, escribía como vivía,
(amor es un verbo),
más le faltaba deletrear el mar o el sol,
descuartizar el arcoíris de una forma refinada.
Y morían tantos en la selva
que su verso indescriptible escapaba a la lectura,
la temática prohibida hacia enrojecer
de éxtasis a las sabias campesinas.

It was a question of making it into one or another anthology
published in Sarajevo
or in another paradise of tragic minors.
But he could write out a wing in sentences.
Once a pilot asked him to fly
His poems like quotes or mottoes
from the tail of his small plane almost a toy it was.

and at that very moment he saw his poems
like stars in a sky,
one major Basilica, a kiss to infinity.
He woke asking himself then
With drool falling from his open mouth,
why not stay a child
and keep playing at writing?

[Translated by Naomi Ayala]

Era asunto de integrar alguna que otra antología
publicada en Sarajevo,
o en otro paraíso de trágicos menores.
Pero escribía el ala en oraciones.
Un piloto le pidió un día enarbolar
sus versos como citas o lemas
en la cola de su avioneta casi de juguete

y en ese momento vió sus versos
como estrellas en un cielo,
una basílica mayor, un beso al infinito.
Se despertó entonces preguntándose
con la baba cayéndose de su boca abierta,
¿por qué no seguir siendo niño
y jugar a escribir?

Tribute to the Road (2015)

Homenaje al camino (2015)

We Would Like to Breathe Peace

We go through the bottom and the heights
through the streets of the embrace of peace
with the salutation of shalom, salaam,
in search of pure air
and a divine sunshine that would bless
everyone the same way.

Peace, white, water that slides
between our hands
when we would like to drink it.

And we were a legion marching
because the thirst for the rainbow is immense;
the night does not keep us calm.

Why are there more deaths and graves
if she—death—hounds us without remedy
and forces us each day to bury her?

Peace: do not make us more cruel
than in the childhood games,
at the beginning of light and life.

Why is there no more love or tolerance,
that will bury the hatred of all deaths and bullets
those that protect injustice, money,
the unpunished voice of pulpits, of races?

Queremos respirar paz

Recorremos el fondo y las alturas
por las calles del abrazo de paz,
del saludo shalom, salam,
en busca del aire puro
y un sol divino que bendiga
a todos por igual.

Paz, blanca, agua que se escurre
entre nuestras manos
mientras deseamos beberla.

Y éramos una legión en la marcha
porque la sed del arco iris es inmensa;
la noche no nos calma.

¿Para qué más muertes y tumbas
si ella —la muerte— nos acosa sin remedio
y nos obliga cada día a sepultarla?

Paz: no nos hagan más crueles
que en los juegos de la infancia,
al principio de la luz y de la vida.

¿Por qué no más amor o tolerancia,
que entierre el odio de las muertes y de las balas
las que protegen la injusticia, el dinero,
la voz impune de los púlpitos, de las razas?

Why is there only love to be able to remember
the benign deaths that still talk to us?

Peace, a short word, the maternal desire
of a lone root of the soul,
all the way to the shyest
corner of the universe.
It is our turn, once and for all,
to emigrate to the sacred peace,
from the absurd territory
that only kills.

[Translated by Ana Osan]

¿Por qué no sólo el amor para poder recordar
las muertes benignas que aún nos hablan?

Paz, palabra breve, maternal deseo
de una sola raíz de alma,
hasta el rincón
más tímido del universo.
Nos toca, de una vez por todas,
emigrar a la paz sagrada,
desde el territorio absurdo
que sólo mata.

Lilith, the Creation

Reading Hollander
by way of Bloom.
To Jeannette who translated it

How your obscene vegetable
fascinates me,
nocturnal sorceress,
devil
of Babylonian hurricanes,
passionate Sumerian,
muse of the cabala
and the blue ego of my poem!

How many myths have you subverted
with your verses of air and hell!
Would you happen to be the apple
of the Edenic nightmare
that the sweet-toothed Adam
might have eaten in his ecstasy of rebellion?
Or were you the body of the goddess
of whom I have always dreamt
in my searches without light
for aroused beauty?

How can God make you
with sediments and dirt?
And how can you impose yourself
like a liturgical imp
to ride on the sex of Adam,

Lilith, la creación

Leyendo a Hollander
a través de Bloom.
A Jeannette que lo tradujo

¡Cómo me fascina
tu obsceno vegetal,
hechicera nocturna,
demonio
de huracanes babilónicos,
ardiente sumeria,
musa de la cábala
y el yo azul de mi poema!

¡Cuántos mitos has trastocado
con tus versos de aire y de infierno!
¿Serías la manzana
de la pesadilla edénica
que comiese en su éxtasis de rebeldía
el goloso Adán?
¿O eras el cuerpo de la diosa
que siempre he soñado
en mis búsquedas sin luz
de belleza enardecida?

¿Cómo puede Dios formarte
con sedimentos e inmundicia?
Y ¿cómo puedes tú imponerte
cual litúrgica diablilla
a cabalgar el sexo de Adán,

he, dust, and you up there,
loosening the anger
of the creator, the supreme male,
and his breath of life,
whom by naming him,
you, goddess-devil, would possess?

Streamer of death, earth or bird,
or any other form in the cabala
for betting on lies
from the Gilgamesh poems,
femme fatale,
attractive generator of problems

in the incorrigible resurrection of seasons
that throb their green faults, ochre or white
and the secret love of another summer.

The spouse replaced you
but you remain there
more than beautiful in the shade of eyes
What? Do you flaunt a penis, they say,
or is it the rebellious erection of your vagina?

Cruel beauty, in your power
I savor the cluster of grapes.
I am Scorpio in the Milky Way
above all mists.
I welcome your redeeming presence.
I do not fear the black moon.

polvo él y tú arriba,
desatando el enojo
del creador, macho supremo,
y sus hálitos de vida,
a quien nombrándolo,
tú, diosa-demonia, poseías?

Muerte serpentina, tierra o ave,
u otra forma en la cábala
de apostar por la mentira
desde los poemas de Gilgamesh,
femme fatale,
atractiva generadora de problemas
en la incorregible resurrección de las estaciones
que palpitan sus culpas verde, ocre o blanca
y el amor secreto de otro estío.

Te suplantó la esposa
pero tú permaneces allí
más que bella en la sombra de ojos
¿qué? ¿ostentas un pene, dicen,
o es la rebelde erección de tu vagina?

Cruel hermosura, en tu poder
saboreo el racimo de las uvas.
Escorpio soy en la vía láctea
por encima de las brumas.
Acojo tu presencia redentora.
No le temo a la luna negra.

But who are you?
Where is your gentleness among stars?
Where is who? Who is who?
Who is Eve? Who is she?
Who am I? Who is she?
What is wisdom?

They say we have all come out
of a dream.

[Translated by Ana Osan]

Pero ¿quién eres?
¿Dónde está tu dulzura entre las estrellas?
¿Dónde está quién? ¿Quién es quién?
¿Quién es Eva? ¿Quién es?
¿Quién soy yo? ¿Quién es ella?
¿Qué es la sabiduría?

Dicen que de un sueño
todos hemos salido.

Nuclear Poem

I write this madness with rage.
In Washington my poem
is made up of defenseless atoms
which yearn for water, a forest, healthy children,
and they fall in the blindness
received with the dirty smile
of those who accuse them of being naive,
while they are politically active
in favor of this hell.

Numbers also strangle me
in this universe without memory
(although Nagasaki, Hiroshima
are not forgotten):
the US will earmark
80 thousand million dollars
to modernize their arsenal
of nuclear catastrophes,
destined to incinerate massively
mother earth,
the sky of birds,
each powerless creature
on the planet.

I scream with a stone
lodged in my throat
that I cannot vomit;
thousands of millions

Poema nuclear

Escribo esta locura con rabia.
En Washington mi poema
está compuesto de átomos indefensos
que anhelan agua, un bosque, niños sanos,
y caen en la ceguera
recibidos con la sonrisa sucia
de quienes los acusan de ingenuos,
mientras militan
a favor de este infierno.

También los números me estrangulan
en este universo sin memoria
(aunque Nagasaki, Hiroshima
no se olvidan):
80 mil millones de dólares
destinará USA
para modernizar su arsenal
de catástrofes nucleares,
destinados a incinerar masivamente
a la madre tierra,
al cielo de las aves,
a cada criatura impotente
del planeta.

Grito con una piedra
oprimida en la garganta
que no puedo arrojar;
miles de millones

of dollars more
will be allocated
to make and maintain
the logistic of this apocalypse.

Multiplied by similar waste
incurred by other members
of this club of destroyers:
Russia, China, Pakistan, India,
Israel, Iran, France, England,
North Korea, plus others
that also spend
millions upon millions

To dream, just because, with the happiness,
the holiday to build the grace
of each being which breathes,
of his home, of his family
of his nation of hope.

To sow peace in the earth's language,
to cross with wings of peace over the sky's exploits
to row multiplying the nuptial waves
of peace in the nostalgia of the seas.

A culture of peace so that there may be no room
on our minimal planet for
the latecomers of light and breeze,
the warriors of the dark heart,
those who do not deserve any meeting.

de dólares más
se adjudicarán
para fabricar y mantener
de esta apocalipsis su logística.

Multiplicados por despilfarros similares
incurridos por otros miembros
de este club de destructores:
Rusia, China, Pakistán, India,
Israel, Irán, Francia, Inglaterra,
Corea del Norte, más otros
que gastan además
millones más millones

Soñar, porque sí, con la alegría,
la fiesta de construir la gracia
de cada ser que suspira,
de su hogar, de su familia
de su pueblo de esperanza.

Sembrar la paz en el idioma de la tierra,
cruzar con alas de paz la proeza del cielo
remar multiplicando olas nupciales
de paz en la nostalgia de los mares.

Una cultura de paz para que no tengan cabida
en nuestro mínimo planeta
los rezagados de la luz y de la brisa,
los guerreros del corazón oscuro,
merecedores de ningún encuentro.

May the difficult beauty of those who love guide us
without splinters of refusals, exploitations, borders.
May those who embrace the world guide us
and fight with the dexterity of the wise
so that, everywhere, hearts may reign.

Peace all the way to infinity!
Alberti would scream.
Today peace, we scream peace, to the end
of eternity and the existence
of each place of its flame,
to the fervor of its fragile steps.

PEACE! we ask…because we want to breathe it.

[Translated by Ana Osan]

Que nos guíe la difícil belleza de quien ama,
sin astillas de rechazos, explotaciones, fronteras.
Que nos guíen quienes al mundo abrazan
y luchan con destreza de sabios
para que, en todas partes, reinen corazones.

¡Paz hasta el fin del infinito!
gritaba Alberti.
Hoy paces, paz, gritamos hasta el fondo
de la eternidad y de la existencia
en cada lugar de su llama,
el fervor de sus frágiles pasos.

¡PAZ! pedimos… porque queremos respirarla.

The Oratory Lesson

The poem that is not heard
accompanies silence,
it insinuates the sadness of emptiness,
it is night without company,
without the humidity of drops of water.

Let the children play
with words
and in their leaps
they recover the life of dreams
without applause.

The poem that is not heard
keeps the privacy in stones,
it whispers the burial
of oblivion;
it is the one which the souls
already black
weave and ignore.

Lección de oratoria

El poema que no se escucha
acompaña al silencio,
insinúa la tristeza del vacío,
anochece sin compañía,
sin la humedad de las gotas.

Que jueguen los niños
a las palabras
y en sus brincos
recobren la vida de los sueños
sin aplausos.

El poema que no se escucha
guarda la intimidad en piedras,
susurra el entierro
del olvido;
es el que tejen e ignoran
las almas
ya negras.

The Route

I listen to what the landscape says
Charles Wright

I wasn't listening to the landscape
because your hand covered me
and traveled through another route
burning in the imagination
of the sky or the moon and another world
next to the Atlantic whose eye followed us.

While your words caressed my ears
we would dance the souvenirs, miles and wishes,
in festive pilgrimage, the two alone,
walking the ecstasy of arrival
arriving in the ecstasy of the road.
Red tune in the prairie of sands
we would cling to the brief time of the path
and to the rubbing of blood that space celebrated,
butterflies in the altar of movement.
The route of bodies, fields, cities and mountains,
our route embodied in the act
of following it in its weave of greens,
blues, grays, blacks and whites open,
signs that are ellipses,
exclamations, question marks,
hands with welcomes or replies,
chips of sun, of life, of water,

La ruta

I listen to what the landscape says.
Charles Wright

No escuchaba el paisaje
porque tu mano me recorría
y viajaba por otra ruta
ardiendo en la imaginación
del cielo o la luna y otro mundo
al lado del Atlántico cuyo ojo nos seguía.

Mientras tus palabras acariciaban mis oídos
danzábamos los recuerdos, millas y deseos,
en peregrinaje festivo, los dos solos,
caminando el éxtasis de la llegada,
llegando en el éxtasis del camino.
Sintonía roja en el prado de las arenas
nos aferrábamos al breve tiempo del sendero
y al roce de la sangre que celebraba el espacio,
mariposas en el altar del movimiento.
La ruta de cuerpos, campos, ciudades y montañas,
nuestra ruta encarnada en el acto
de seguirla en su tejido de verdes,
azules, grises, negros y blancos abiertos,
señales que son puntos suspensivos,
exclamaciones, interrogantes,
manos con bienvenidas o respuestas,
astillas de sol, de vida, de agua,

congregations of love and deaths
with their injured pendulums,
histories and riches.

The poem is a route we write
with the lips and the impulses of syllables
from Sunday to Saturday and further:
relics, passion, indulgences
for our bodies and the spell of their signs.

It already conforms the terrain of our looks,
the rest and the dream of our arrival,
creatures of voices that illuminate, in front,
the horizons of the place that seduces us
with the whisper of *wanderer, there is no road
the road is made by walking*, convinced that
walking is not what kills you
but going the wrong way
and losing the landscapes of the soul.

[Translated by Ana Osan]

congregaciones de amor y muertes
con sus péndulos heridos,
historias y riquezas.

El poema es una ruta que escribimos
con los labios y el impulso de las sílabas
de domingo a sábado y más lejos:
reliquias, pasión, indulgencias
para nuestros cuerpos y el conjuro de sus signos.

Ya conforma el terreno de nuestras miradas,
del descanso y el sueño en nuestro arribo,
criaturas de voces que iluminan, enfrente,
los horizontes del lugar que nos seduce
con el susurro de *caminante no hay camino*
se hace camino al andar, convencidos de que
caminar no es lo que mata
sino el equivocarse de ruta
y perder los paisajes del alma.

An Illegal in Washington, D.C.?

Here in California I met
A very beautiful countrywoman

She would anglicize some sentences
That smelled like gringo a mile away.
She was frequently heard
To call the basket basqueta,

The grocery store grosería
                    —(Pseudonym V)

On the other coast they wrote
this not so funny poem
about the sly assassination
of our beautiful language.

I must add this event
to a century and more of such a story,
for it took place in the Capital
of these United States.

Thus today the rufero introduced himself
arriving in his trocka at my house,
to fixear the old roof
which due to the rains was already likeando.

Upon listening to these words,
How many sorrows invaded me!

154

¿Ilegal en Washington, D.C.?

Conocí aquí en California
Una paisana muy bella

Inglesaba algunas frases
Que olían a gringo a la legua.
Con frecuencia se le oía
Llamar al cesto basqueta,

Al bodegón grosería
—(Seudónimo V)

Escribieron en la otra costa
ese poema no tan chistoso
sobre el asesinato solapado
de nuestro idioma hermoso.

Debo contar este evento
a un siglo y más de tal relato;
pues sucedió en la Capital
de nuestros Unidos Estados.

Así hoy se introdujo el rufero
llegando en su trocka a mi casa,
para fixear el viejo techo
que por las lluvias ya likeaba.

Al escuchar esas palabras
¡cuántas penas me invadieron!

They turned my Hispanic pride
almost completely into a skeleton.

Don't worry, boss,
the day laborer consoled me,
we found the locación,
the above-mentioned holes.

When I paid for his work,
upon descending from the high wall
he thanked me affirming
"yes, today we workeamos very hard"

And immediately he assured me,
like a good nobleman,
that he textiaría me from his fon
the receipt for the money.

Thanks, I told him, moved,
with ambiguous and cruel nostalgia,
after feeling on a trip
through our conquered land.

September 27, 2011

[Translated by Ana Osan]

156

Hicieron de mi orgullo hispano
casi del todo un esqueleto.

No se preocupe, mi patrón,
me consoló el jornalero,
encontramos la locación,
los susodichos agujeros.

Cuando pagué por su trabajo,
al descender del alto muro
me dió las gracias afirmando
"sí, workeamos hoy bien duro"

Y de inmediato me aseguró,
como hidalgo de los buenos,
que me textiaría desde su fon
el comprobante del dinero.

Gracias, le dije, conmovido,
con ambigua y cruel nostalgia,
luego de sentirme en un viaje
por nuestra tierra conquistada.

27 de septiembre, 2011

Father

(I Celebrate My Father's Ninetieth)
To Dr. Ernesto Ambroggio, my father

Nobody is a father
unless he is a root and a source of all this
and much more...

Dad, I thank you
with my children's voices
and those of my children's children,
all of them, the seventy or more voices
that have come from you
and which will populate for centuries
the blessing of the universe.

I am not ashamed to write it,
repeating it as if my word
were the weak eternity of a river.

More than your name
—which makes me proud
and which with pride I pass on—
I thank you for having been a father
every day, of your ninety years;
for having given us our daily bread.
Blessed be your name.

Padre

(Festejo los noventa del mío)
Al Dr. Ernesto Ambroggio, mi padre

Nadie es padre
sino es raíz y fuente de todo esto
y mucho más…

Papá, te agradezco
con las voces de mis hijos
y la de los hijos de mis hijos,
todas, las setenta o más voces
que de ti han salido
y poblarán por siglos
la bendición del universo.

No me avergüenzo de escribirlo,
repitiéndolo como si mi palabra
fuese la débil eternidad de un río.

Más que tu apellido
—que me enorgullece
y transfiero con orgullo—,
agradezco que hayas sido padre
todos los días, en tus noventa años;
y nos dieras el pan de cada día.
Bendito sea tu nombre.

I thank the example
of your daily presence,
the constant love
your teachings,
your sharing with mom
our lives, babbles,
steps and falls,
the first flower, the first bird,
the first dog, the first bicycle
the first remedies,
our smiles,
our plans,
our dreams

Father of mine, who art on earth
I thank you.
For having trained me
not to fear lightning,
the light from storms,
for swimming in the pool
in the clear welcome
of our home,
for kicking the ball
with the fantasy
of a league champion…

Yes, I love to repeat that I thank
ad infinitum your existence,
now that—as the father of fathers—
I understand your mountainous heart
the firm wisdom of your hours,

Agradezco el ejemplo
de tu presencia diaria,
el amor constante,
tu enseñanza,
el compartir con mamá
nuestras vidas, balbuceos,
pasos y caídas,
la primera flor, el primer pájaro,
el primer perro, la primera bicicleta
los primeros remedios,
nuestras sonrisas,
nuestros planes,
nuestros sueños.

Padre mío, que estás en la tierra
te agradezco.
El haberme entrenado
a no temer los relámpagos,
la luz de las tormentas,
a nadar en la pileta
en la nítida acogida
de nuestra casa,
a patear la pelota
con la fantasía
de un campeón de liga...

Sí, amo repetir que agradezco
ad infinitum tu existencia,
ahora que —como padre de padres—
comprendo tu corazón de montaña
la sabiduría firme de tus horas,

for ninety years,
your continuous work, silent,
the stabilizing reality
of your hands, your voice, your company
in my mother's
happy and difficult moments, that you may have been
with her the creator of the family,
ensuring with your dedicated compromise
the nightly and daily prayer,
the protection of love,
the heat of the pillow,
the roof, the food,
the fruit of your daily sweat.

I thank the strength of your hug,
the illusion of the games,
the rackets and the courts.
(The club does not matter but your zeal),
the example of being the dentist
of our village.

I don't hope you to die
the death of life,
father of mine,
the poem that mocks
the calligrapher of time.

Not this one. Life in love
in your tree of sun and happiness
sanctions the law of your verse.

por noventa años,
tu trabajo continuo, silencioso,
la realidad estabilizadora
de tus manos, tu voz, tu compañía
en los momentos felices y duros
de mi madre, el que hayas sido
con ella el creador de la familia,
asegurando con tu dedicado compromiso
la oración de la noche y del día,
la protección del cariño,
el calor de la almohada,
el techo, la comida,
frutos de tus sudores cotidianos.

Agradezco la fuerza de tu abrazo,
la ilusión de los juegos,
las raquetas y las canchas.
(No importa el club sino tu celo),
el ejemplo de ser dentista
de nuestro pueblo.

No espero que mueras
la muerte de la vida,
padre mío,
poema que burla
al calígrafo del tiempo.

No éste. La vida enamorada
en tu árbol de sol y de alegría
sanciona la ley de tu verso.

No one is a father
unless he is the root and source of all this
and much more,
just as you are,
you will be,
you have always been…

Blessed are you.
A thousand thanks,
Forever dad.

Ascochinga, May 18, 2008

[Translated by Ana Osan]

Nadie es padre
si no es raíz y fuente de todo esto
y mucho más,
como tú lo eres,
lo serás,
lo has sido…

Bendito seas.
Mil gracias,
Papá de siempre.

Ascochinga, 18 de Mayo de 2008

We Are All Whitman (2016)

Todos somos Whitman (2016)

Song of/to/My/Your/Self

What I assume you shall assume
Walt Whitman

This Self – Hispanic, Latin, blond, black,
olive-skinned, native and immigrant –
dispersed far and wide
was here with everyone, yesterday and again today;
today and tomorrow; does not stop,
virginal atom of nakedness and dust,
of Manhattan's universal son
the uncaged cosmos
and the echoes' whirlwind.

Child with the wisdom of questions,
offspring of poor and rich, of lettered and unlettered,
of rails, planting times, classes and cares,
which will sprout, embodied, with nothing forgotten,
seed in its newly bloodstained earth,
which gathers hands, pupils, voices,
the savor of oceans,
the smell of sweet jungles,
God's pollen, days and nights
at center of the Self that dances with many,
men, women, young people and old
in the light of the infinite's furrows,
with open hands, without walls,
free roots of mine and everyone's
at the foot of the song

Canto de/a/mí/ sí/ mismo

Y aquello que yo me apropio habrás de apropiarte.
Walt Whitman

Este Yo desperdigado.
hispano, latino, rubio, negro, cobrizo,
nativo e inmigrante, con todos estuvo aquí
antes y ahora; ahora y mañana; no se detiene,
átomo virginal de la desnudez y el polvo,
del hijo universal de Manhattan
del cosmos sin alambres
y el remolino de los ecos.

Niño con la sabiduría de las preguntas,
hijo de pobres y de ricos, de educados y analfabetos,
de rieles, siembras, clases y cuidados,
que brotarán con cuerpos sin un olvido,
semilla en su tierra de sangre nueva,
que recoge manos, pupilas, voces,
el sabor de los océanos
el olor de dulces selvas,
polen de Dios, días y noches
centro del yo que danza con muchos,
hombres, mujeres, jóvenes y viejos
en la luz del surco del infinito,
con manos abiertas, sin muros,
raíces libres mías y de todos
al pie del canto

that now celebrates
without creeds or schools.

With all the colors that stir up their race,
Roman, Celtic, Hebrew, Moor,
Hispanic, Aborigine, with kingdoms of multitudes
fresh in the tree of life.

Grass, girl or boy child, suppliant germ
of love and timepieces in the atmosphere,
God of the promise and the future,
modern and ancient in the new people,
come and gone from among the old people,
humanity's heart in the moon, hands' mirror,
the breath of syllables.
Because it is voice, hum of green and dry leaves
that loves equally,
in the color of its time, the park that is, am,
are, today, here, yesterday and forever,
the mystery's imprecise territory.

This Self is Puerto Rican, Chicano,
from Cuba free dancer of merengues,
from Santo Domingo and all the Caribbean,
from El Salvador and Nicaragua.
It comes from Mexico, Central America,
from Costa Rica, Tikal, Guatemala,
from their rainforests, lakes of salt and honey,
from Panama, Colombia, Peru and Venezuela,
the corn crops of the Argentine pampas,

que ahora festeja
sin credos ni bibliotecas.

Con todos los colores que agitan su raza,
romana, celta, hebrea, mora,
hispana, aborigen, con reinos de muchedumbres
frescas en el árbol de la vida.

Hierba, niña, niño, germen suplicante
en la atmósfera del amor y los relojes,
Dios de la promesa y el porvenir,
reciente y antiguo en el pueblo nuevo,
ido y llegado del pueblo viejo,
el corazón de la humanidad en la luna de las manos,
el aliento de las sílabas.
Porque es voz, zumbido de hojas verdes y secas
que ama por igual
en el color de su época, el parque que es, soy,
somos, hoy, aquí, ayer y siempre,
el territorio impreciso del misterio.

Es puertorriqueño, chicano,
de la Cuba libre merenguera,
de Santo Domingo y todo el Caribe,
de El Salvador y Nicaragua.
Viene de México, América Central,
(Nicas, Catruchos, Ticos, Guanacos, Chapines)
de Costa Rica, el Tikal ,Guatemala,
de sus selvas, lagos de sal y miel,
de Panamá, Colombia, Perú y Venezuela,
los maíces de las pampas argentinas,

Chile's veins of grapes, Bolivia's reed flute,
from the Mayas, Quechuas, Aztecs, Incas,
from the Guaranís, from the Amazon, Ecuador,
from the Uruguay of the Charrúas and its shores,
gauchos, criollos, Europeans, mestizos,
mulattos, the fair-skinned, Turks, Asians, Syrian or Lebanese,
waifs, streetwalkers, huddled masses of Latin America
with their many names.

It is harassed and startled by propellers and shrapnel,
by ashes and the hammer's hard-won pennies.
Boss and day laborer; still the job's slave,
painter of trenches, resourceful creator of roofs, pavement
on the agony of yesterday's blood and the even-now
of the Monday of beginnings and the Sunday of holy days.

It is expressed and is not expressed by welcomes,
the yowls of rejection and the sunless silence
of indifference, every day, gray hands.

It belongs to family and sometimes they invite it, other times
                                                        /exclude it
from family suppers and their menu of dawns;
when the assemblage is gathered, they have become used
to its only cooking, serving, or cleaning up after the meal.

It suffers now, and in the next gust of wind, the discriminating
smoke
of random breath, for good or bad of those
who intoxicated breathe ignorance or haughtiness
without clusters of stars, mountains, heavenly clouds,

las venas de uva de Chile, la quena de Bolivia,
de sus mayas, quechuas, aztecas, incas
de los guaraníes, el Amazonas, Ecuador,
del Uruguay charrúa y sus riberas,
gauchos, criollos, europeos, mestizos,
mulatos, güeros, turcos, asiáticos, sirio-libaneses,
pibes, gurises, paisas, rotos, chipotes.

Lo acosan y espantan hélices y metrallas,
los centavos del martillo y las cenizas.
Patrón y jornalero; esclavo aún del trabajo,
pintor de ranuras, creador ingenioso de techos, pavimentos
en la agonía de la sangre del ayer y el todavía
del lunes de los comienzos y el domingo de las fiestas.

Lo traducen y no lo traducen las bienvenidas,
los graznidos del rechazo y el silencio sin sol
de la indiferencia, los días, las manos grises.

Pertenece a la familia y a veces lo invitan, otras lo excluyen
de las cenas familiares y su menú de auroras;
cuando viene la compañía, se han acostumbrado
a que solo limpie, cocine o sirva la mesa.

Sufre ahora, y en el próximo viento, el humo discriminante
del aliento en el azar, para bien o para mal
de quienes respiran intoxicados ignorancia o altanería
sin racimos de estrellas, montes, nubes celestes,
manantiales de dádivas y de praderas.

wellsprings of gifts and of meadows.
The dream of your creation, fatherland of many fatherlands,
at the same time defined and disturbed
in the ferment of capricious laws
that attacked freedom and happiness in their path
and the paths of all who signed your articles.

It likes and does not like the words, the eve
of silences, words dyed in the antagonism
of empires and conquests, welcomes, coffins and slights,
gold pieces received and robbed.

They will not destroy this Self, although it be teacher or student,
follower or leader. They tried without luck
because history and its soul, to which we belong
and it belongs in this cloth of substances and times,
do not allow it.

I am large, I contain multitudes.
They will not manage to deny me or ignore me or declare me
undocumented:
I am written in you, in all,
as all are in me,
in clay and in the breeze's gentle sky,
in the delightful meaning of your body.

With the people's wise voice, it complains and does not complain.
Like everyone, it triumphs in its defeats and loses, sometimes,
in the victories of bridges,
because the shank's good fortune carries it inside
and outside of agony's navel.
It sings with the voice of ravaged fields,

El sueño de tu creación, patria de muchas patrias,
lo definió y descompuso al mismo tiempo
en el fermento de leyes caprichosas
que atacaron a la libertad y felicidad en su camino
y el de todos los que suscribieron tus artículos.

Le gustan y no le gustan las palabras, la víspera
de los silencios, vocablos teñidos en el antagonismo
de imperios y conquistas, bienvenidas, ataúdes y desprecios,
oros recibidos y robados.

No lo destruirán, aunque sea maestro o estudiante,
seguidor o dirigente. Trataron sin suerte
porque la historia y su alma, a la que pertenecemos
y pertenece en este paño de sustancias y tiempos,
no lo permiten.

Soy inmenso y contengo multitudes.
No podrán negarme ni ignorarme ni declararme indocumentado:
estoy escrito en ti, en todos,
como todos lo están en mí,
en el barro y en el cielo blando de la brisa,
en el significado sabroso de tu cuerpo.

Con la voz sabia del pueblo, se queja y no se queja.
Como todos, triunfa en las derrotas y pierde, a veces,
en las victorias de los puentes,
porque la ventura de la espiga la lleva dentro,
fuera, en el ombligo de la agonía.
Canta con la voz de los campos devorados,
el sudor de las estrías y sus dones,

the sweat of striae and its gifts,
the robust and oppressive body of cities.
It aims to be the river's voice and not only of the forbidden,
but also strictly unknown voices.

It would not wish for entrance to a forest
whose roots it must avoid.

In everyone's Self,
the poem's universal soul,
in each innumerable Walt Whitman,
cosmos without rubrics,
wave among waves, shared worlds
inside vibrating yellow,
I dance, I smile, I cry:
I celebrate myself, and sing myself.

[Translated by Brett Alan Sanders]

el cuerpo robusto y abrumador de las ciudades.
Quiere ser la voz del río y no solo de las prohibidas;
sino también de las voces estrictamente ignoradas.

No desearía ir a un bosque
en el que deba evitar las raíces.

En el yo de todos,
el alma universal del poema,
en cada Walt Whitman interminable,
cosmos sin rúbricas,
ola en las olas, mundos compartidos,
en el amarillo que vibra,
danzo, sonrío, lloro:
Me canto y me celebro.

Attending to the Almanac of the Self

Now I will do nothing but listen.
Walt Whitman

Life conjugates me
minute by minute
and forces me to write
deeper than books,
classes,
the high priests of academia.

I spread the dye of living,
its calendar's blood
and the unique
almost indecipherable breath
of every pulse, instant,
that I hear joined
to bravuras of birds,
bustle of growing wheat,
gossip of flames,
clack of sticks
cooking my meals.

That's it; I listen to nature herself,
to the fascinating enigma that explains me,
to the luminous answers of fables,
not to canons

Oyendo el almanaque del yo

Hoy no haré otra cosa que escuchar.
Walt Whitman

La vida me conjuga
minuto a minuto
y me fuerza a escribir
más allá de los libros,
las clases,
los obispos académicos.

Derramo la tinta del vivir,
su sangre de calendario
y el hálito único
casi indescifrable
de cada pulso, instante,
que oigo junto
con los bríos de los pájaros,
el bullicio del trigo que se yergue,
el cuchicheo de las llamas,
el chasquido de los leños
que cuecen mi comida.

Eso es; escucho a la naturaleza en sí,
al fascinante enigma que me explica,
a las respuestas luminosas de las fábulas,
no a los cánones

nor to phrases set
by the merchants of culture.

The map of my human gaiety
draws itself with life's gifts,
small or large
in the generosity of its almanac,
whatever sprouts without insisting or forcing
of births,
just the branching out of its smiles,
the sound I love.

[Translated by Brett Alan Sanders]

ni a las frases exigidas
por los mercaderes de la lectura.

El mapa de mi alegría humana
se dibuja con los dones de la vida,
pequeño o grande
en la generosidad de su almanaque
lo que brota sin exigir ni forzar
los nacimientos,
solo la ramificación de sus sonrisas,
el sonido que amo.

Threshold's End and Beginning

Missing me one place search another.

Walt Whitman

Each day I live toward life
today, in the future, and in the past;
and also toward death.

I live immortality.
Death's garments don't fit me.
Love convinces me
that I am immortal all around.

I emerge from all times;
To all I come
with the twig's definition and truth
in the turbid restiveness of river, ocean,
beach's golden skirts.

I have been seeing you off, embracing you, kissing you,
greeting you since the omen's birth,
its terms short and inexact,
the route's contradictions,
within the totality and range
of dreamers in their bedrooms
without walls, conclusions,
orderly lines, or other limitations
of tempers or fears.

Final, comienzo del umbral

Si me perdieras en un lugar, búscame en otro.
En algún lugar te espero.

Walt Whitman

A la vida la vivo cada día
hoy, en el futuro y el pasado;
y a la muerte también.

Vivo la inmortalidad.
El vestido de la muerte no me queda.
El amor me convence
que soy inmortal por todos lados.

De todos los tiempos salgo;
a todos ellos vengo
con la verdad y definición de la espiga
en la inquietud turbia del río, el océano,
las faldas doradas de la playa.

Te despido, te abrazo, te beso, te recibo
desde el nacimiento del presagio,
los plazos cortos o inexactos,
las contradicciones del trayecto,
en la alcoba del alcance
y la totalidad de los sueños,
sin muros, conclusiones
líneas de orden ni otros limitantes
de alteraciones y de pánicos.

I am going to where I came from:
air, shadow, sun, dust.
But look for me in yourself, in everyone,
in the gust of wind adorned with feathers,
in your hair, in the life you breathe
on the humble ground of your sustenance.

Thus I enlarge myself.

I embrace all the imperfections
and the happy splash of accomplishments.

I cease not.
New athletes surpass their predecessors.

I renew myself in your eyes.

[Translated by Brett Alan Sanders]

Me voy a donde vine:
al aire, a la sombra, al sol, al polvo.
Pero búscame en ti, en todos,
en la ráfaga emplumada del viento,
en tu cabello, en la vida que respiras
en el humilde suelo de tu sustento.

Así me prodigo.

Abarco todas las imperfecciones
y el salpicón feliz de los logros.

No acabo.
Los nuevos atletas superan a sus predecesores.

Me renuevo en tus ojos.

Corollary

Walt Whitman, *a cosmos, of Manhattan the son*;
reading you with the valor of an enriched heart
I comprehend the difference between the "Self" and the "ego."
While, like leaves of grass, I reject the ego,
I adopt, with the humility of dirt, the "Self" of your poem
which I admire and to which I belong
with my particle's anonymous root
and everyone else's.

Your name is everyone.
My name is everyone.
We testify of you.

You have incorporated us without pretensions.
We breathe your energy.
In truth you are *good health to our body
our blood filter'd and fibre'd*;
tenacious prophecy that gladdens us.

Beyond your world-shaping words,
the flowers with which nature writes her verses
and the fragile sprout of these harvested pages;
beyond your song that celebrates the universe;
beyond the spuming and frothing of birth and death;
beyond the homage to contrasts and their remnants,
I declare myself, convinced, at one with this life of ours in my veins,
from the womb of this book of jubilant leaves.

We are all Whitman!
We have found each other!

[Translated by Brett Alan Sanders]

Corolario

Walt Whitman, *un cosmos, de Manhattan el hijo*;
leyéndote con la valentía de un corazón enriquecido
comprendo la diferencia entre el "yo" y el "ego".
Mientras, como brizna de hierba, al ego rechazo,
adopto con la humildad del barro el "Yo" de tu poema
que admiro y al que pertenezco
con la raíz anónima de mi partícula
y la de cada uno de nosotros.

Tu nombre es todos.
Mi nombre es todos.
Nosotros te atestiguamos.

Nos has incluido sin pretensiones.
Respiramos tu energía.
En verdad eres *la salud de nuestro cuerpo*
filtrado en nuestra sangre restaurada;
profecía tenaz que nos satisface.

Más allá de tus palabras que son un mundo,
De las flores con que la naturaleza escribe sus versos
y el retoño frágil de estas páginas sembradas;
más allá de tu canto que celebra el universo;
más allá de las espumas del nacimiento y de la muerte;
más allá del homenaje a los contrastes y sus sobrevivencias,
convencido, proclamo con la vida del nosotros en mis venas,
desde el vientre de este libro de hojas jubilosas:

¡Todos somos Whitman!
¡Nos hemos encontrado!

Teaching How to Spin

La enseñanza del giro

Cadence

*It would crush us to see the enormous
form of our being; with devotion,
God brings us succession and oblivion.*
Jorge Luis Borges

It drags slowly
the creaking of old age
under the shoes
on the undaunted floor.

The statue
melts into dust.

Still
there is no loss
but the wound of sunset.

Love does not decline into dusk
nor does silence name itself.

The tremulous act that lives
with its rhythm of change,
celebration and moaning;
it smells already like another life.

A pleasure that hurts
in the echo of shadows.

[Translated by Ana Osan]

Cadencia

Nos aniquilaría ver la ingente
forma de nuestro ser; piadosamente
Dios nos depara sucesión y olvido.
Jorge Luis Borges

Arrastra lentamente,
el chirrido de la vejez
bajo los zapatos
sobre el suelo impávido.

La estatua
se derrite en polvo.

Todavía
no es pérdida
sino herida de ocaso.

El amor no anochece
ni el silencio se nombra.

El acto trémulo se vive
con su ritmo de cambio,
celebración y gemido;
huele ya a otra vida.

Un placer que duele
en el eco de las sombras.

Marital status

The elegy of happiness
might be a lie.
Married with silence,
solitude,
with sheets, a pillow
and nothing else.
The brush with a shirt,
the inside of clothes.
Sometimes a scattered kiss.
has taken Alba to the sea.

A poet hopelessly
in love with the muses
that deceive him with inspiration
of death in which he is immersed,
bohemia of words.
Married with nostalgia
of the passionate embrace,
now a love without caresses;
tomorrow a ray of hope.
He dreams wide awake with the love
of the promise
that he has left home.

Even though the day might get dark
divorce is not considered.

Marital status:
always married.

[Translated by Ana Osan]

Estado civil

Puede ser mentira
la elegía de la felicidad.
Casado con el silencio,
la soledad,
con las sábanas, la almohada
y nada más.
El roce de la camisa,
el interior de la ropa.
A veces un beso desperdigado.
A Alba la ha llevado el mar.

Poeta perdidamente
enamorado de las musas
que lo engañan con la inspiración
de la muerte en la que se sumerge,
bohemia de palabras.
Casado con la nostalgia
del abrazo enardecido,
ahora un amor sin caricias;
mañana un sol de esperanza.
Sueña despierto con el amor
de la promesa
que se ha ido de casa.

Aunque oscurezca el día
no hay divorcio contemplado.

Estado civil:
siempre casado.

Another seventy times seven

Seven hours of heaven
seven wonderful hours
seven hours of love
seven hours on a stopwatch without swords.
How many times do seven hours
feed a life?
Seven hours two lives in one.
The continuous apogee
of seventy times seven
the fertile gift of surprise
in the open sky of the miracle
that creates, forgives, and resuscitates.

[Translated by Ana Osan]

Otras setenta veces siete

Siete horas de cielo,
siete horas divinas,
siete horas de amor,
siete horas en un cronómetro sin espadas.
¿Cuántas veces siete horas
alimentan una vida?
Siete horas dos vidas en una.
El continuo apogeo
del setenta veces siete
don fértil de la sorpresa
en la intemperie del milagro
que crea, perdona y resucita.

The Daily Circus

El circo de cada día

Circe's Three Acts

1.

The daughter of Titans, the sun and the ocean,
a sorceress, this goddess seduced me
to go over the conjuring of her legends.
I saw her turn her enemies into animals;
they are wolves, flattering lions, dogs
that go around the brightness of her palace,
a halo of stone in the woods of the Island of Eëa.

It excites me to dwell satisfied
in the flesh of her web
so that my body does not vanish.

She takes control of my senses
within the jungle of her charms,
whispers that ride
the light breezes
and make men and gods
fall in love in an equal way.

Her strong wand fascinates me,
protective of her whims;
the potions of her venoms and pleasures,
that transform animals, lovers,
fathers, perhaps even the sublime Magician of voyages,
Ulysses, Odysseus, when he arrives with the unfolded sail
of his curiosity and his stanzas.

Tres actos de Circe

1.

Hija de titanes, sol y océano,
hechicera, me sedujo esta diosa
a recorrer la prestidigitación de sus leyendas.
La vi convertir a sus enemigos en animales,
lobos son, leones lisonjeros, perros,
que rodean el brillo de su palacio,
halo de piedra en el bosque de la isla Eea.

Me ilusiona morar ufano
en la carne de su telar
para que no se desvanezca mi cuerpo.

Se adueña de los sentidos
con la selva de sus encantos,
suspiros que montan
la levedad de las brisas
y por igual enamoran
a hombres y dioses.

Me fascina la varita fuerte,
celosa de sus caprichos;
las pociones de sus venenos y placeres,
que transforman animales, amantes,
padres, acaso hasta al Mago sublime de los viajes,
Ulises, Odiseo, cuando llega con la vela desplegada
de su curiosidad y las estrofas.

2.

Because in her voyages of conquests,
she also attracts Odysseus and his ship,
and later she turns, with hospitable warmth,
his Greek men into pigs,
except for Eurylochus, cunning sentry,
who does not participate in the desperate
feast of curses.

He warns Odysseus, his boss.
about Circe's transforming tricks;
and Hermes, the messenger of the gods,
gives him the secret to defeat
the beautiful hostess's maleficent tricks:
to take the molly plant before drinking
the syrups that Circe might offer him.
He does so and renders ineffective
the bewitching power of her wand.
Sword in hand, he reaches an agreement with her:
that his men will return to being men.
And he falls under her feminine spell
drinking with her for a year
the pleasures of attraction,
in the beaches of love and desire,
without forgetting Penelope.
Children are born, the magic of other sirens.

2.

Porque en su viaje de conquistas,
también lo atrae a Odiseo y su nave,
y luego altera, con calidez hospitalaria,
a sus griegos en cerdos,
excepto por Euríloco, guardia astuto,
que no entra en el desesperado
manjar de los embrujos.

Éste le avisa a Odiseo, su jefe,
sobre los trucos transformantes de Circe;
y Hermes, mensajero de los dioses,
le da el secreto para vencer
las artes maléficas de la bella anfitriona:
tomar la planta moly antes de beber
los jarabes que Circe le ofrezca.
Así lo hace y deja sin efecto
el poder brujo de su vara.
Espada en mano pacta con ella
que sus hombres volverán a serlo.
Y cae bajo su hechizo de mujer
bebiendo con ella por un año
los placeres del atractivo,
en las playas del amor y el deseo,
sin olvidar a Penélope.
Nacen hijos, otras magias de sirenas.

I keep forever
In my heart this passage.
And, under the illusion of a brutal
hypnotism, along with Hesiod I ask myself
Could it be that I, too, am a son of
Odysseus and Circe,
in addition to being Zeus's wife?
Perhaps I am Faust's brother, Latino,
on the way to Ithaca or some other wandering rock
in this happy world of madness

Guardo para siempre
en mi corazón este pasaje.
Y en la ilusión de un hipnotismo
bestial con Hesíodo me pregunto:
¿Seré yo también un hijo
de Odiseo y de Circe,
esposa además de Zeus?
¿Seré hermano de Fausto, Latino,
camino a Ithaca u otra roca errante
en este feliz mundo de locuras?

3.

I have gone, within the enclosure
of pages, the marquee of my happiness,
over these acts of fairies,
the legends, the fallings in love, the routes,
and, in my pilgrimage through the poem,
I kiss Homer's book,
I become purified in immortality
with Circe and the Argonauts,
Odysseus and Penelope.

I do not turn down any love
because I hate being a woodpecker
or a six-headed monster,
before being land in the light,
the heart of shadows.

I would love to live in the reality of the legend
In the transparent path of myths.

I have a ticket for the Circe Circus
and, there, I will see once more, other acts
from rebel clowns.

The empty seats fill up.

[Translated by Ana Osan]

3.

He recorrido en el cerco
de páginas, la carpa de mi dicha,
estos actos de hadas,
leyendas, enamoramientos, rutas
y en mi peregrinación por el poema
beso el libro de Homero,
me purifico en la inmortalidad
con Circe y los argonautas,
Odiseo y Penélope.

Tengo una entrada para el Circo Circe
y veré allí nuevamente otros actos
de payasos insurrectos.
No rechazo ningún amor
porque odio ser pájaro carpintero
o un monstruo de seis cabezas,
antes de ser tierra en la luz,
el corazón de las sombras.

Quisiera vivir la realidad de la leyenda
en el sendero transparente de los mitos.

Los huecos se llenan.

The charm of Marrakech

Averroes said that the color of birds
seems to facilitate the wonder.
Jorge Luis Borges

At the souk of el-Jemmá-Arbá
I felt the call to prayer
along with the music
of those who were charming
the snakes.

I felt the peace from the side
in the disarray of the order,
of that rug with the colors,
of faces, things, languages,
where I bought memories.

Content, I transformed myself
into the collective ego
of the souk, the market,
the vibrant citadel.

I was living together with the Averroes
from here and with the one from magical Cordoba;
the one who gathered, without creeds,
thinkers
under the breath of the old Aristotle.

From a corner of this festive
coherence of incoherence,
sprang forth the music that celebrated
the "Habibi of my loves."

Encanto de Marrakech

El color de los pájaros –dijo Averroes-
parece facilitar el portento.
Jorge Luis Borges

En la plaza de Jemmá el Fná
sentí el llamado a oraciones
junto con la música
de los que encantaban
a las serpientes.

Sentí la paz de reojo
en el desorden del orden
de esa alfombra con colores
de rostros, cosas, idiomas
donde compré recuerdos.

Me transformé feliz
en el yo colectivo
del zoco, mercado,
la vibrante ciudadela.

Convivía con el Averroes
de aquí y de la Córdoba mágica;
el que reunió, sin credos,
a pensadores,
bajo el respiro del viejo Aristóteles.

Desde un rincón de esa festiva
congruencia de la incongruencia
surgía la música que celebraba
al "Habibi de mis amores".

It is argued that a century ago,
45 criminals would die, executed
every day on this spot.

It is filled with lights at night.
Today, once more, there is a celebration.

I went over villages
that were between mountains, sheep, fields of wheat,
olive trees, green and deserted,
all of them under the shelter of the Minaret
of its mosque.

I shall return to Marrakech,
to the red mud of its beauty,
its Mamounia and palaces,
with mosaics, wooden sculptures,
calm columns, palm trees,
to the Garden of the Menara.

I shall return to celebrate the peace
of the open prayer
looking toward the west, the south,
the east, the north,
and toward the other cardinal points.

Marrakech, May 15, 2015.

[Translated by Ana Osan]

Arguyen que hace un siglo
45 criminales morían ejecutados
cada día en este sitio.

Se enciende de luces en la noche.
Hoy, otra vez, es una fiesta.

Recorrí luego pueblos
entre montañas, ovejas, trigales,
olivos, verdes y desiertos,
todos al amparo de la Minarete
de su mezquita.

Volveré a Marrakech,
al lodo rojo de su belleza,
su Mamunia y palacios,
con mosaicos, esculturas de madera,
columnas mansas, las palmeras,
al Jardín de la Menara.

Volveré a celebrar la paz
de la oración abierta
viendo hacia el oeste, al sur,
al este, al norte
y a todos los otros puntos cardinales.

Marrakech, 15 de Mayo de 2015.

Luis Alberto Ambroggio

An internationally known Hispanic-American writer and poet born in Argentina, Luis Alberto Ambroggio has resided in the Washington, DC area since 1967. He is the author of twenty collections of poetry, essays, short stories published in Mexico, Argentina, Costa Rica, Spain, and the United States, and holds the honor of having been appointed a member of the North American Academy of the Spanish Language, the Royal Spanish Academy and of PEN. His work, translated into several languages, has been included in the Archives of Hispanic Literature of the Library of Congress. Among his numerous books are *Poemas de amor y vida* (*Poems of loving and living*, 1987); *Hombre del aire* (*Man of the Air*, 1992); *Oda ensimismada* (*Ode in and of myself*, 1994); *Poemas desterrados* (*Exiled Poems*, 1995); *Por si amanece: Cantos de Guerra* (*If Dawn comes: War Songs*, 1997) and *Los habitantes del poeta* (*The Inhabitans of the Poet*, 1997). In 2004, he won the Spanish TV Award for his poems on solitude; in 2010 a Fulbright-Hays and the Simon Bolivar International Poetry Prize, in 2016, The Trilce Medal in Peru Among Ambroggio's most recent books are *El testigo se desnuda* (*The Witness Bares its Soul*; Puerta de Alcalá, Madrid, 2002) which received great praise in Europe and the United States (*Diario de las Americas*) as well as in Latin America; *Laberintos de Humo* (*Labyrinths of Smoke*; Tierra Firme, Buenos Aires, 2005); *Los tres esposos de la noche* (*The Night's Three Husbands*, 2005); *La desnudez del asombro* (*The Nudity of Wonder*, 2009), *Homenaje al Camino* (*Tribute to the Road*: 2012, with a prologue by Robert Pinsky), *Todos somos Whitman* (*We are all Whitman*: 2014) ; *El arte de escribir poemas* (*The Art of Writing Poetry*, 2009); *Cuentos de viaje para siete cuerdas y otras metafísicas* (*Travel stories*, 2013) and Estados Unidos Hispano (Hispanic United States: 2015). Also in 2009, Cross Cultural Communications published *Difficult Beauty: Selected*

Luis Alberto Ambroggio

Nacido en Córdoba, Argentina, poeta Hispano-Americano de renombre internacional, Luis Alberto Ambroggio reside desde 1967 en el área de Washington, DC. Es autor de veinte libros de poesía, ensayos y narrativa publicados en la Argentina, Costa Rica, España, y los Estados Unidos. Miembro de la Academia Norteamericana de la Lengua Española, de la Real Academia Española y del Centro Americano PEN. Su obra ha sido traducida a varios idiomas e incorporada por la Biblioteca del Congreso en sus archivos de Literatura Hispana. *Poemas de amor y vida*(1987); *Hombre del aire* (1992); *Oda ensimismada* (1994); *Poemas desterrados* (1995); *Por si amanece: cantos de Guerra* (1997) y *Los habitantes del poeta* (1997) son algunos de los títulos de su vastísima producción. En 2004, recibió el Spanish TV Award por sus composiciones cuyo tema principal es la soledad; en el 2010 la beca Fulbright-Hays y el Premio Internacional de Poesía Simón Bolívar y en el 2016 la Medalla Trilce en Perú. Entre sus últimos libros figuran *El testigo se desnuda* (Puerto de Alcalá, 2002), que fue elogiado por publicaciones en Europa, Estados Unidos (*Diario de las Américas*) y Latinoamérica; *Laberintos de humo* (Editorial Tierra Firme, Buenos Aires, 2005); *Los tres esposos de la noche* (2005); *La desnudez del asombro* (2009); *El arte de escribir poemas* (2009), *Cuentos de viaje para siete cuerdas y otras metafísicas* (2013) y *Estados Unidos Hispano* (2015). También en el 2009, la editorial Cross Cultural Communications publicó *Difficult Beauty: Selected poems* 1987-2006, antología bilingüe editada por Yvette Neisser Moreno, con introducción de Oscar Hijuelos (Premio Pulitzer), nominado para el premio Puschcart y el Premio Nacional de Traducción; en el 2011 apareció *La arqueología del viento*, traducida por Naomi Ayala (2013 International Latino Best Book Award) y en el 2016, la versión bilingüe de *Homenaje al Camino*, traducido por Ana María Osan con la

211

Poems 1987-2006, a bilingual edition with an introduction by Pulitzer Prize winner Oscar Hijuelos, edited by Yvette Neisser Moreno (nominated for the National Translation Award and for a Pushcart Prize). His book of poems The Wind's Archeology, Vaso Roto Ed., translated by Naomi Ayala was the winner of the 2013 International Latino Best Book Award in its bilingual version. Ambroggio has also edited several anthologies: —*Al pie de la Casa Blanca: Poetas hispanos de Washington, DC* (*At the Foot of the White House: Hispanic Poets in Washington, DC;* 2010), *De Azul a Rojo: Voces de poetas nicaragüenses del siglo XXI* (*From Blue to Red: Voices of Nicaraguan Poets from the 21st Century;* 2011), *Labios de arena* (Nicaragua 2014). Finally, it is important to note Mayra Zeleny's critical look at the author's body of work in her book *El cuerpo y la letra: Poética de Luis Alberto Ambroggio* (*Body and Word;* 2008), published by the Academia Norteamericana de la Lengua Española (North American Academy of the Spanish Language) and by Rosa Tezanos-Pinto, *El exilio y la Palabra. Trashumancia de un escritor argentino-estadounidense* (*The exile and the word*) published by Vinciguerra and the Latino Studies Center of Indiana University (2012) as well as the critical edition of *Ambroggio's Obra Poética 1974-2014, En el Jardín de los vientos* (*Poetics 1974-2014, In the garden of the winds*) edited by Carlos Paldao y Rosa Tezanos-Pinto (selected as one of the 10 best books in Argentina por Infobae). With numerous recognitions and awards, including having been named Adopted Son of Vallejo's Birth Place, Curator for poetic events by the Smithsonian Institution and Cultural Envoy by the State Department, Doctor Honoris Causa, Tel Aviv. He has translated poems by Shakespeare, Dylan Thomas, D.H. Lawrence, William Carlos Williams, among others and has published the bilingual edition (English/Spanish) of Robert Pinsky's selected poems, *Ginza Samba* (2014): http://en.wikipedia.org/wiki/Luis_Alberto_Ambroggio

introducción del poeta laureado Robert Pinsky y publicado por Vaso Roto Ed. Además, Ambroggio ha sido editor de varias antologías, entre ellas: *Al pie de la Casa Blanca. Poetas hispanos de Washington, DC*, en 2010, y *De Azul a Rojo. Voces de poetas nicaragüenses del siglo XXI* (2011), *Labios de arena* (Nicaragua 2014). Por último, vale destacar los volúmenes de crítica de Mayra Zeleny, *El cuerpo y la letra: poética de Luis Alberto Ambroggio* (2008), editado por la Academia Norteamericana de la Lengua Española y el de Rosa Tezanos-Pinto *El exilio y la Palabra. Trashumancia de un escritor argentino-estadounidense*, publicado por Vinciguerra Ed. y el Centro de Estudios Latinos de la Universidad de Indiana (2012), como así también la edición crítica de su *Obra Poética 1974-2014, En el Jardín de los vientos* llevada a cabo por Carlos Paldao y Rosa Tezanos-Pinto y publicada por la Academia de la Lengua (elegida como uno de los mejores libros de 2014 en Argentina por Infobae). Con numerosos premios y reconocimientos, entre ellos, el haber sido declarado Hijo Adoptivo de la Ciudad Natalicia de César Vallejo, Curador para eventos poéticos del Smithsonian Institutico y Enviado Cultural por el Departamento de Estado. Ha traducido poemas de Shakespeare, Dylan Thomas, D.H. Lawrence, William Carlos Williams, entre otros, y ha publicado la edición bilingüe (Español/Inglés) de la poesía selecta de Robert Pinsky, *Ginza Samba* (2014): http://es.wikipedia.org/wiki/Luis_Alberto_Ambroggio

Ana Valverde Osan

Ana Osan received her Ph.D. in Spanish from the Department of Romance Languages and Literatures at The University of Chicago. She is professor of Spanish and Latin American literature at Indiana University Northwest. She is interested in the poetry written by Hispanic women and has written numerous articles on this subject; she is also the author of *Nuevas historias de la tribu: El poema largo y las poetas españolas del siglo XX* (*New Stories from the Tribe: The Long Poem and Spanish Women Poets of the Twentieth Century*). Translation is another one of her interests, and she has translated poems by Léopold Segar Senghor, Anne Hébert, Lalla Romano, Félix Grande, and Billy Collins. In 2004, she received the Lannan Translation Selection Series Award for her translation of Francisca Aguirre's book *Ithaca*, which was published by BOA Editions, Ltd. Among other books of poetry, she has translated from Spanish into English Juana Castro's book, *Narcisia*, 2010; Clara Janés's *Diván del ópalo de fuego (o la leyenda de Layla y Machnún)* (*Divan of the Opal of Fire (or the Legend of Layla and Majnun)*) 2015; as well as Luis Alberto Ambroggio's *Homenaje al camino* (*Tribute to the Road*) 2015. And from the French into Spanish, she has translated Anne Hébert's, *Le Tombeau des rois* (*La tumba de los reyes*) 2015. Recently, she has finished the translation of Félix Grande's book, *Libro de familia (Family Book)*. She was also de editor of two Monographs for the Association of Spanish Professionals in America (Asociación de Licenciados y Doctores Españoles en Estados Unidos (ALDEEU): *Poesía hispana en los Estados Unidos* (*Hispanic Poetry in the United States*), 2011, and *La traducción en los Estados Unidos: Teoría y práctica* (*Translation in the United States: Theory and Practice*), 2012. She has also participated in different conferences in the United States, Spain, Canada, France, Mexico, and Panama. In 2015, she was appointed a member of the North American Academy of the Spanish Language, and a corresponding member of the Royal Spanish Academy.

Ana Valverde Osan

Ana Osan recibe su doctorado del Departamento de lenguas y literaturas romances de The University of Chicago. Es profesora de literatura española y latinoamericana en la Indiana University Northwest. Le interesa la poesia escrita por mujeres hispanas y ha escrito numerosos artículos sobre este tema; es también la autora del libro *Nuevas historias de la tribu: El poema largo y las poetas españolas del siglo XX*. Asimismo, le interesa la traducción y ha traducido poemas de Léopold Segar Senghor, Anne Hébert, Lalla Romano, Félix Grande, y Billy Collins. En 2004, recibió el premio de la Lannan Translation Selection Series por su traducción del libro de Francisca Aguirre, *Ítaca* (*Ithaca*), que fue publicado por BOA Editions, Ltd. Entre otros libros, ha traducidos del español al inglés, el de Juana Castro, *Narcisia*, 2010; el de Clara Janés, *Diván del ópalo de fuego* (*o la leyenda de Layla y Machnún*) 2015; asi como el de Luis Alberto Ambroggio, *Homenaje al camino*, 2015. Del francés al español, ha traducido el libro de Anne Hébert, *La tumba de los reyes*, 2015. Recientemente, ha terminado la traducción del libro de Félix Grande, *Libro de familia*. Ha sido la editora de dos Monografías de la Asociación de Licenciados y Doctores Españoles en Estados Unidos (ALDEEU): *Poesía hispana en los Estados Unidos*, 2011, y *La traducción en los Estados Unidos: Teoría y práctica*, 2012. También ha participado en conferencias en los Estados Unidos, España, Canadá, Francia, México, y Panamá. En 2015, fue nombrada miembro de número de la Academia Norteamericana de la Lengua Española y miembro correspondiente de la Real Academia Española.

Impreso en Estados Unidos
para Casasola LLC
Primera Edición
MMXX ©

11302021